Miranda J. Fox

Love and Fire

Sammelband
Teil 1 & 2

Erotische Novelle

1. Auflage 2013

Covergestaltung

Alexander Kopainski

Lektorat

Claudia Buck

Korrektorat

Claudia Heinen

ISBN: **1490351035**
ISBN-13: **978-1490351032**

Besuchen Sie Miranda auf Facebook:

https://www.facebook.com/LoveandFireMirandaJ.Fox

Kapitel 1

»Und wir wollen das wirklich tun?«, fragte Emma, als sie vor dem Lokal standen. Sie war noch nie in einem Swingerclub gewesen und es war auch nicht ihre, sondern Rachels Idee gewesen. Nachdem ihr Freund sie betrogen und kurz darauf verlassen hatte, um mit einer heißen vollbusigen Freundin durchzubrennen, war Emma in Selbstzweifel versunken. Rachel hatte ihr ganze zwei Monate zureden müssen, um ihr Selbstwertgefühl so weit aufzubauen, dass sie sich wieder im Spiegel betrachten konnte.

Noch einen Monat später war sie wieder ausgegangen, doch Rachel war der Meinung, dass sie etwas Neues brauchte – ein Abenteuer. Und so hatte sie ihr vorgeschlagen, in einen Swingerclub zu gehen. Emma war anfangs entrüstet gewesen, doch nachdem Rachel von ihren sexuellen Affären schwärmte, hatte sie immer mehr das Verlangen gespürt eigene Erfahrung zu sammeln. »Und wehe du schummelst«, mahnte Rachel sie zum gefühlt hundertsten Mal und gab ihr eine Maske. Seit sie aus dem Auto gestiegen waren, hatte Emma den Blick gesenkt halten müssen, damit sie nicht den Clubnamen ablesen konnte.

Es sollte eine Überraschung sein. Sie setzten ihre Masken auf, um anonym zu bleiben und gingen weiter. »Mach ich nicht, aber deine Geheimniskrämerei macht mich langsam nervös«, antwortete Emma. »Es ist völlig normal, dass du nervös bist. Ich hab das schon oft gemacht. Glaub mir, danach fühlst du dich wie neu geboren.« Nachdem sie an den Türstehern vorbei waren, kamen sie in einen Vorraum, wo sie ihre Garderobe abgaben. Eine aufreizend gekleidete Empfangsdame legte ihnen Chip-Armbänder um, mit denen sie Getränke und Essen bezahlen konnten. Der Endbetrag würde dann anschließend am Check-out beglichen. Ihre Mäntel und Handtaschen mussten sie abgeben, da andernfalls nicht für private Gegenstände gehaftet wurde, sowie ihren Personalausweis.

Schließlich gab man ihnen einen Flyer als Übersicht für die Bereiche und verwies sie auf die Eingangstür zum Club. Als Emma den Flyer genauer betrachtete, machte sie große Augen. Es gab sechs Bereiche: darunter eine Sauna, einen Darkroom, Hygieneräume und den Club selbst.

»Haus der Versuchung?«, las sie ungläubig vor, als ihr der Name des Clubs ins Auge fiel. »Etwa *das* Haus der Versuchung? Der Club von James Carter?« Als Rachel nickte, fiel Emma beinahe aus den Socken. James Carter war der begehrteste und wohlhabendste Junggeselle der Stadt. Als er das 21. Lebensjahr erreichte, erbte er ein Vermögen, welches er anfangs in Stripclubs investierte. Ein Jahr später gründete er eine Dating-Firma, die sich eigens mit der Verkupplung von Prostituierten und deren Kunden befasste. Und zwei Jahre darauf eröffnete er das *Haus der Versuchung*, eine Mischung aus Swingerclub und Diskothek.

Mit seinen heute gerademal vierundzwanzig Jahren war James der reichste Junggeselle der Stadt und die Frauen lagen ihm in Scharen zu Füßen. »Überraschung!«, sagte Rachel und zog sie durch den

Vorraum direkt auf die Tanzfläche. Der erste Bereich war ein gewaltiger luxuriöser Dancefloor. Es gab drei Bars, eine große spiegelnde Tanzfläche, auf der sich unzählige Menschen tummelten, und flackerndes Discolicht, welches von der Decke strahlte.

Die Elektromusik wummerte von den Seitenboxen auf sie ein, und als Rachel den befremdenden Gesichtsausdruck ihrer Freundin sah, lachte sie. »Etwas anders, als du dir vorgestellt hast, oder?«

»Allerdings«, sagte Emma und schaute sich weiter um. Das Publikum war bunt gemischt. Neben den überwiegend jungen Gästen machte sie auch ältere Menschen aus. Viele trugen Masken, aber es waren auch einige dabei, die ihr Gesicht offen zeigten. Auch die Kleiderwahl war völlig unterschiedlich. Während manch einer gewöhnliche Straßenkleidung trug, waren einige in karnevalähnlichen Kostümen gekleidet und wieder andere trugen Reiz- oder Themen-Wäsche. Es war ein bunt gemischter Anblick.

Nachdem die Freundinnen eine Weile getanzt hatten und bereits von den ersten Interessenten angesprochen wurden, begaben sie sich an eine Bar und bestellten Cocktails. »Wenn du etwas brauchst, das deine Hemmschwelle sinken lässt, ist Alkohol genau das Richtige«, sagte Rachel und nippte an ihrem Glas. Sie hatten sich Masken aufgesetzt, die ihre Gesichter nur bis zur Nase verdeckten, sodass sie ungehindert trinken und essen konnten. »Was? Ist das etwa das große Geheimnis deines unerschütterbaren Selbstbewusstseins? Alkohol?«, fragte Emma lachend. »Und die hier«, sagte Rachel und hielt ihr eine Pille vors Gesicht, die sie aus der Brusttasche ihres hautengen Kleides genommen hatte.

Emma sah sie entgeistert an. »Du nimmst Drogen?« Rachel machte eine wegwerfende Handbewegung. »Mach dich nicht lächerlich. Das ist eine Pille, dessen Wirkstoff dich so richtig in Fahrt bringt. Ich nenne es, das weibliche Viagra.« Sie hielt ihr die Pille auffordernd hin und Emma nahm sie. »Aber es ist keine Droge«, vergewisserte sie sich. »Ich schwöre es«, sagte Rachel und Emma glaubte ihr. Sie waren seit zehn Jahren befreundet und Rachel hatte sie noch nie angelogen. Emma konnte ihr also vertrauen. Sie prosteten sich zu und bestellten gleich noch eine Runde. Eine halbe Stunde später war Emma schon leicht angeheitert und allmählich bekam sie die Wirkung der Pille zu spüren.

»Also Süße«, sagte Rachel und gab ihrer Freundin einen Kuss auf die Wange. »Es gibt hier nur eine Regel und die lautet: Lass dich fallen. Wir sehen uns um zwei am Check-out.« »Wir trennen uns?«, fragte Emma verwirrt. Rachel lachte. »Was dachtest du denn? Soll ich dir etwa bei deinen Vergnügungen zusehen?« Sie ließ Emma allein und verschwand mit einem jungen Mann, der sie an der Hand gepackt hatte und von der Tanzfläche zog. *Okay, bloß keine Panik!*, ermahnte Emma sich und lief zum nächsten Bereich. Eigenartigerweise verspürte sie wirklich keine Angst, bloß ein leichtes Kribbeln im Bauch – musste wohl am Alkohol liegen. Sie kam in einen Gang, der in einem düsteren Rot leuchtete und mit weichem rotem Teppich ausgelegt war. An jeder Seite reihten sich mehrere Türen, dessen Fassade mit anzüglichen, aber kunstvollen Bildern bemalt war. Kein Zweifel, sie befand sich im Sexbereich!

Eine nackte ältere Frau kam ihr entgegen und zwinkerte ihr zu. Kurz bevor sie Emma erreichte, verschwand sie in einer Tür. Emma hielt ihr Ohr dagegen und hörte kurz darauf lustvolle und stöhnende Geräusche. Ein Prickeln breitete sich in ihrem Unterleib aus, als sie sich vorstellte, was dort hinter verschlossener Tür vonstattenging. Sie lief weiter, bog um die Ecke und gelangte in einen breiten viereckigen Gang, auf dessen Seite sich jeweils eine

Tür befand. Am Abstand der Türen konnte sie erkennen, dass diese Räume um einiges größer waren als im ersten Gang. Auf einem Schild las sie *Gruppensex*, auf dem anderen *Darkroom*. Sie ging weiter und kam in einen Gang, indem sich Dutzende Frauen drängelten. Sie alle schauten gebannt in einen offenen Raum, doch konnte Emma nicht sagen, was dort vor sich ging, weil ihr die vielen Köpfe die Sicht versperrten. »Wer möchte als Nächstes auf die Bühne?«, erklang eine männliche Stimme durch ein Mikrofon. Aufgeregtes Gekreische erklang und Emma sah, wie sich einige Frauen verbissen vordrängelten. Emma wurde neugierig und schob sich an der Schar aufgeregter Damen vorbei. Als sie den Raum betrat, blieb sie überrascht stehen.

Der Raum war von hohen Decken gesäumt und hatte wunderschönen Stuck an den Wänden. In den Ecken standen weibliche Skulpturen und die Wände waren in einem hellen Creme gestrichen. In der Mitte des kleinen Saals war eine Bühne aufgebaut, auf der sich ein prunkvoller Sessel befand. Hinter dem Sitz waren gläserne Vitrinen aufgebaut, die so stark funkelten, als wären sie stundenlang poliert worden. Die Vitrinen waren, soweit Emma sehen konnte, mit ein und demselben Parfüm bestückt, welches es in verschiedenen Farben und Größen gab. Das musste die *James Carter Woman Collection* sein. Die hatte sie schon oft in der Werbung gesehen – verdammt teuer das Zeug! Während sich Emma weiter zur Bühne vorkämpfte, um besser sehen zu können, registrierte sie, wie voll der Raum war.

Die weiblichen Zuschauerinnen drängten aber nicht nur in den Eingang. Sie standen auch vor der Bühne und schubsten und drängelten, was das Zeug hielt, nur um dem Moderator so nahe wie möglich zu sein. Er sah gut aus, hatte rostbraunes ordentlich gestriegeltes Haar und ein junges hübsches Gesicht. Er pries die neue Parfümserie mit einer Begeisterung an, als würde sein Leben von dem Verkauf abhängen, und das überzeugte Publikum schien es kaum erwarten zu können, Geld dafür auszugeben. Emma hatte es geschafft sich bis zum Podium vorzukämpfen, da erklang ein plötzlicher Trommelwirbel.

»Ladys! Begrüßen Sie unseren heutigen Ehrengast, den unglaublichen … James Carter.« Emma sah überrascht zur Bühne auf und musste sich gleichzeitig die Ohren zuhalten, so laut kreischten die Frauen. Es war, als befände sie sich auf einem Teeniekonzert. Als James charmant lächelnd die Bühne betrat, musste Emma schlucken.

Nicht nur, dass sie es kaum glauben konnte, ihm jemals persönlich zu begegnen, er sah live sogar noch besser aus als auf den Titelzeitschriften. Er hatte pechschwarzes Haar, das gewollt wirr nach oben gestylt war. Es war diese typische Männerfrisur, die nur Models tragen konnten, ohne überstylt auszusehen – an ihm sah es fantastisch aus. James war groß und schlank, dennoch zeichneten sich unter seinem weißen Hemd deutlich Muskeln ab. Er trug eine todschicke und wahrscheinlich ungeheuer teure Designerhose und glänzend schwarze Schuhe.

Sein ganzes Auftreten versprühte Reichtum und Macht. Er stank geradezu danach. Einige Damen streckten die Arme zu ihm rauf, um ihn zu berühren, und die, die er berührte, erlitten beinahe einen Zusammenbruch, so entzückt waren sie. Emma schüttelte den Kopf. Ja, er sah unverschämt gut aus und ja, jede Frau ließ sich gern von seiner charmanten Art umgarnen, aber mal ehrlich! Sie sprachen hier von James Carter, dem Casanova Nummer eins! Natürlich hatte er nur Spaß im Sinn. Moment mal! War sie nicht genau deswegen hier?

Um Spaß zu haben? Jemand rempelte sie an und Emma stolperte gegen das Podest. Dabei fiel sie so unglücklich, dass sie sich mit dem gesamten Oberkörper darauflegte. Sie wollte sich mit einer schnippischen Bemerkung zu der Missetäterin umdrehen, als die Stimme des Moderators im Mikrofon erklang. »Na, da ist aber jemand eifrig. So viel Ehrgeiz muss doch belohnt werden. Komm doch bitte auf die Bühne.« Wer? Sie? Als sie verständnislos zu ihm aufsah und nicht reagierte, packte er sie kurzerhand unter dem Arm und zog sie hinauf.

Dann drehte er die vollkommen verblüffte Emma zu den Zuschauerinnen und gab das Mikro an James weiter. Jetzt, wo sie die Menge im Blick hatte, fiel ihr auf, wie spärlich bekleidet die Frauen waren. Sie hatte schon gedacht, ihr Outfit wäre knapp, doch andere Frauen trugen gerademal genug, um den Schambereich und die Brustwarzen zu bedecken und sonst nichts. Gut, das hier war auch mitunter ein Swingerclub, da war solch knappe Bekleidung natürlich nicht unüblich. Für James musste es jedenfalls ein Traum sein, hier auf der Bühne zu stehen.

»Und wen darf ich meinen Gästen vorstellen?«, fragte dieser und trat neben sie. Als Emma zu ihm aufsah, registrierte sie ein leichtes Schwindelgefühl im Kopf und fragte sich, ob es an James Wirkung oder am Alkohol lag. »Emma … ich meine Jessica«, korrigierte sie. *Konzentrier dich Emma! Oder willst du ihnen auch gleich noch deinen Nachnamen verraten?,* schalt sie sich in Gedanken. James sah belustigt zu ihr herunter und sein Lächeln traf sie wie ein Schlag. Sie konnte sich nicht vorstellen, dass es auch nur eine Frau auf der Welt gab, die sich nicht davon verzaubern ließ. »Jetzt bin ich verwirrt. Wie heißen Sie nun?

Emma oder Jessica?« »Jessica, mein Name ist Jessica«, sprach Emma ins Mikrofon und zupfte ihre Maske zurecht. Sie wollte um jeden Preis unerkannt bleiben und die Bühne am besten so schnell wie möglich verlassen. »Nun, Jessica.« Er nahm ihre Hand und führte sie an seinen Mund. Als seine weichen Lippen sie berührten, konnte Emma ein Schaudern nicht unterdrücken. Und vielleicht kam es ihr nur so vor, aber der Kuss schien feuchter auszufallen, als üblich war. James lächelte verschmitzt, als sei er sich seiner Wirkung bewusst und führte sie zum Sessel. Emma nahm Platz und beobachtete, wie er zu den Vitrinen ging und ein rosa Fläschchen herausnahm. Emma atmete tief durch und wischte sich den Schweiß von der Stirn. Etwas stimmte nicht mit ihr, sie fühlte sich so eigenartig. Als James wiederkam, hielt er das rosa Fläschchen in die Höhe, sodass es für die Gäste gut sichtbar war. Oh's und Ah's erklangen und die Damen drängten noch weiter an die Bühne. »Mein treuer Assistent hat Ihnen meine Kollektion bereits vorgestellt, nun sollen Sie sich aber auch selbst von dem berauschenden Duft verführen lassen. Unsere Jessica wird die Ehre haben, mein Parfüm als Erste zu testen.«

Daraufhin erklang weniger begeisterter Applaus und in einigen Gesichtern sah Emma den puren Neid stehen. Herrgott! James öffnete das Fläschchen, trat an ihre Seite und sprühte etwas auf ihren Hals und Dekolleté. Emma musste zugeben, dass das Parfüm wirklich wunderbar roch. Sie schloss die Augen und sog den Duft ein, dann registrierte sie ein leichtes Kitzeln am Hals. Erschrocken öffnete sie die Augen und bemerkte, dass James seine Nase an ihren Hals gelegt hatte und tief einatmete. »Hmmm«, machte er und seine tiefe Stimme, so dicht an ihrem Ohr, brachte Emma zum Schaudern.

Ein wohliges Prickeln breitete sich in ihr aus und sie konnte nur mit Mühe einen lustvollen Laut unterdrücken. War das etwa die Wirkung der Pille, die nun einsetzte? »Spiel mit«, raunte er ihr zu und zog sie von dem Sessel hoch. Emma war überrascht, aber auch dankbar, dass er ihr aufhalf. Sie hatte das Gefühl, dass ihre Knie jeden Moment nachgaben, konnte aber nicht sagen, ob es an seiner Berührung oder dem Schwindel lag. »Schließ die Augen«, sagte er und legte ihren Kopf nach hinten. Emma wusste nicht, ob das so eine gute Idee war, gehorchte aber. Immerhin war es seine Show und die wollte sie nicht ruinieren, indem sie sich sträubte. Außerdem handelte es sich hier nicht um irgendeinen Mann, sondern um James Carter persönlich! Sie würde wahrscheinlich noch wochenlang von seinen Berührungen träumen. Er stellte sich hinter sie und fuhr mit einer sanften Bewegung seiner Hand durch ihr Haar. Emma schlug die Augen auf und wollte sich ihm zuwenden, doch die andere Hand legte er um ihre Taille, sodass sie sich nicht umdrehen konnte.

»Spiel mit«, sagte er noch einmal und seine Hand fuhr unablässig weiter durch ihr Haar. Er drehte ihren Kopf zur Seite und legte ihre Haare nach hinten, sodass ihr Hals entblößt war.

Emma fiel auf, dass es außerordentlich still im Saal geworden war. »Sehen Sie, wie berauschend das Parfüm ist?«, erklang die Stimme des Moderators durch das Mikrofon. »Lassen auch Sie sich von Carters Düften verführen.« Als aufgeregtes Kreischen erklang, linste Emma durch halb geöffnete Augen und sah, wie der Moderator mehrere Fläschchen in die Menge warf. Währenddessen ging James Hand zielstrebig ihren Bauch hinab und unter ihr Kleid, bis er ihr Höschen berührte. Emma wollte ihm Einhalt gebieten, wollte ihn zurückweisen, doch seine sanften Berührungen lähmten sie.

Es war ihr egal, dass sie Dutzende Zuschauer hatten, es war ihr egal, wie frivol ihr Verhalten war. Sie wollte einfach nur berührt werden und alles um sich herum vergessen. Sein Mund wanderte ihren Hals entlang und bedeckte sie mit hauchzarten Küssen. Emma biss sich auf die Unterlippe und schmiegte sich an seinen

Körper. Daraufhin ließ er ein tiefes Seufzen hören und seine Finger glitten zwischen ihre Beine. Als er sie dort berührte, musste Emma so laut keuchen, dass sie aus ihrer Fantasie gerissen wurde. Sie schlug die Augen auf und starrte in die Augen der Zuschauer. Der gesamte Saal war still und die Augen der Frauen neugierig auf sie gerichtet.

Emma war, als erwachte sie aus einem tiefen Traum.

Hatte sie sich das gerade eingebildet? Sie schaute an sich herab und sah, dass James Hand immer noch auf ihrem Bauch lag, jedoch nicht tiefer gewandert war. Und auch sein Mund berührte ihren Hals nicht. Sie musste wirklich fantasiert haben. Wie peinlich! »Entschuldigen Sie«, murmelte Emma und befreite sich aus seinem Griff.

Sie sah noch, wie er ihr ein verschmitztes Lächeln zuwarf und kletterte von der Bühne. Was hatte ihr Rachel da bloß gegeben? Emma drängte sich zwischen die Zuschauerinnen und lief Richtung Tür. »Wer möchte die Nächste sein? Wer möchte sich ebenfalls von Mr. Carters Düften berauschen lassen?«, erklang die Stimme des Moderators.

An der Tür angekommen, drehte sich Emma noch einmal um. James Blick war immer noch auf sie gerichtet und etwas an seinem Blick war anders, als hätte sie sein Interesse geweckt. Gott, sie musste hier weg, bevor sie noch auf dumme Gedanken kam.

Kapitel 2

Sie lief alle fünf Bereiche ab, auf der Suche nach ihrer Freundin, doch konnte sie Rachel in der Menge nirgends ausfindig machen. Sie musste wissen, wie sie die Wirkung der Pille unterdrücken oder rückgängig machen konnte, denn sie war allmählich so scharf, dass sie kurz davor war, sich irgendjemanden zu schnappen und mit ihm zu verschwinden. *Dummes Ding!* Warum hatte sie sich nur darauf eingelassen? Sie hatte doch um die Wirkung der Pille gewusst, und dass der heutige Abend in Zweisamkeit enden würde! Nur war nicht geplant gewesen, vor der ganzen Menge in Ekstase zu verfallen.

Und dann auch noch vor James! Gott sei Dank trug sie eine Maske, sodass sie niemand erkannte. »Entschuldigen Sie«, fragte Emma eine aufreizend gekleidete Kellnerin, die ihren Weg kreuzte. Sie trug einen äußerst knappen, ledernen Rock und passende High Heels dazu – sonst nichts. Emmas Blick ging automatisch zu ihren Brüsten, die voll und rund waren, aber auch eindeutig unecht. Ihre Brustwarzen waren mit roten Aufklebern verdeckt und in der Hand hielt sie ein Tablett mit gefüllten Sektgläsern. »Hier gibt es doch sicher Duschen, oder?« Die Kellnerin nickte freundlich. »Selbstverständlich. Sie befinden sich im Sexbereich.« Emma nickte und deutete auf die Gläser. »Kann ich mir so eins nehmen?«

»Greifen Sie zu«, antwortete die Kellnerin und das tat Emma. Die Bedienung verschwand und Emma leerte ihr Glas in wenigen Zügen. Wenn ihr davon noch schwindeliger werden würde, so war es ihr egal. Schlimmer konnte es sowieso nicht mehr werden und wer wollte schon vernünftig sein? Sie lief den gesamten Weg wieder zurück und durchquerte den rot beleuchteten Gang erneut. Dass sich die Duschen im Sexbereich befanden, darauf hätte sie eigentlich auch selbst kommen können.

Sie fragte sich, ob dieser James sie wirklich so aus der Fassung gebracht hatte oder sie nur wegen der Pille so überreagierte? *Wegen der Pille, eindeutig!*, redete sie sich ein. Emma fand die Waschräume direkt neben dem Darkroom. Die Lampen waren aus und nur wenig Licht drang durch die kleinen Gitterfenster. Das Mondlicht tauchte die Waschräume in eine dunkle Atmosphäre, erhellte sie aber gleichzeitig auch so weit, dass Emma genug erkennen konnte. Sie wusste nicht, ob es Absicht war, aber offenbar schien es keinen Lichtschalter zu geben. Im Grunde genommen war es ihr aber auch egal, denn sie war betrunken und erregt und wollte einfach nur eine kalte Dusche. Das Bad bestand aus einem einzigen großen und verwinkelten Raum.

Der Boden war auf Hochglanz poliert und aus hochwertigem Marmor, ebenso die Wandfliesen. Es gab etliche Duschen, manche offen, manche durchsichtig, einige mit Vorhängen versehen oder großzügig geschnitten, sodass mehrere Personen hineinpassten, und andere wiederum waren in den Ecken versteckt, sodass man vor dem Blick anderer geschützt war. Emma wählte eine dieser Eckduschen, um nicht jedem, der die Duschen betrat, ihren Körper zeigen zu müssen. Es wäre ihr unangenehm gewesen, auch wenn ihr Gesicht verdeckt war.

Sie kam an Föhn-ähnlichen Geräten vorbei, welche sich laut Beschreibung *Ganzkörpertrockner* nannten. Praktisch, denn ein Handtuch hatte sie natürlich nicht dabei. Als Emma um die Ecke bog, staunte sie nicht schlecht. Die ohnehin luxuriöse Duschanlage beherbergte sogar aus Marmor gemeißelte Ablagen, welche alle möglichen Waschutensilien und Shampoo-Sorten bargen. Eigentlich hatte sie sich nur kurz abkühlen wollen, aber die teuren Marken-Shampoos luden ja geradezu zum Duschen ein. Emma entledigte sich ihres Minikleids und legte es mitsamt den Schuhen in die Ablage. Ihre Maske nahm sie ebenfalls ab, dann ließ sie das Wasser laufen und wartete, bis es kalt genug war.

Auf Make-up hatte sie dank der Maske verzichtet und so konnte sie ihr Gesicht ungehindert unter den kalten Wasserstrahl halten. »Brrrr«, machte sie, genoss aber den Kälteschauer, als ihr Körper einige Spritzer abbekam. Die Erfrischung half ihr, wieder herunterzukommen. Emma vernahm ein klapperndes Geräusch und erstarrte. »Hallo?«, rief sie und stellte den Wasserstrahl ab. Es antwortete niemand, dennoch war sie sich sicher etwas gehört zu haben. Vielleicht ein Gast, der sich ebenfalls frisch machen wollte. Sie wischte sich das Gesicht trocken und setzte ihre Maske auf. Dann trat sie um die Ecke und fuhr erschrocken zurück. Keine drei Meter entfernt stand James Carter, bekleidet mit einem weißen Handtuch, sonst nichts. Emma fasste sich erschrocken ans Herz und gab ein zittriges Lachen von sich.

»Haben Sie mich erschreckt«, sagte sie, wobei ihr Blick ganz automatisch über seinen trainierten Körper wanderte.

Auch ohne Schuhe war James zwei Köpfe größer als sie. Ihr Eindruck von vorhin bestätigte sich nun. Er war schlank, aber dennoch sehr durchtrainiert. Sein Bauch, die Brust, seine Arme und sogar seine Beine waren muskulös. Er besaß kein Gramm Fett am Körper und man sah ihm sofort an, dass er Wert auf körperliche Fitness legte. Als Emma ihren Schreck überwunden hatte, fragte sie misstrauisch: »Was tun Sie hier?« »Dasselbe wie Sie. Das hier ist eine öffentliche Dusche, oder?« Sie warf ihm einen zweifelnden Blick zu und er hob die Brauen. »Was muss ich mich eigentlich verteidigen? Das hier ist immerhin mein Club!« Nun, da hatte er recht. Als er seinen Blick über ihren Körper wandern ließ, wurde Emma bewusst, dass sie nur noch in Unterwäsche bekleidet war. Sofort bedeckte sie die betreffenden Stellen mit den Händen und sah sich nach ihrem Kleid um.

»Machen Sie sich keine Umstände, Sie können meins haben«, sagte er und nahm das Handtuch von seinen Hüften. Fassungslos schnellte Emmas Blick zur Seite. Hatte er sich gerade vor ihr entblößt? »Ich brauche es ohnehin nicht«, sagte er und ging zu der nächst liegenden Dusche. Er stellte sich mit dem Rücken zu ihr, sodass Emma einen guten Blick auf seine Kehrseite hatte, und ließ das Wasser laufen. Wie gebannt beobachtete sie, wie das Wasser seinen Rücken hinabfloss und einen Moment gestattete sie sich, seinen knackigen Hintern zu betrachten, dann riss sie sich zusammen und wickelte sich schleunigst das Handtuch um.

»Sie wollen mir also weißmachen, dass Sie zufälligerweise im selben Moment duschen gehen wollten wie ich?« Ihre Stimme hätte nicht sarkastischer klingen können. James drehte sich zu ihr um und fuhr sich mit den Händen durch das nasse Haar. Dann war er in wenigen Schritten bei ihr und maß sie mit demselben intensiven Blick wie zuvor auf der Bühne. Das Wasser lief im Hintergrund weiter und einzelne Wasserperlen tropften von seinem feuchten Haar auf die nackte Brust.

Der Anblick war faszinierend. »Nein, ich bin nicht zufällig hier. Nachdem Sie so voreilig verschwanden, bin ich Ihnen hierher gefolgt.« Sein Blick wurde eindringlicher und Emma wich zurück. »Woher wussten Sie, wo ich bin?« »Kameras«, sagte er nur und folgte ihr. Emma machte noch einen Schritt zurück, bis sie schließlich mit dem Rücken gegen die feuchte Duschwand stieß. »Und warum sind Sie mir gefolgt?« Sie konnte ein leichtes Zittern ihrer Stimme nicht verhindern und es beunruhigte sie, dass sie die Ursache dafür nicht ganz bestimmen konnte. Sie wusste nicht, ob sie vor Angst oder Erregung zitterte, denn beide Gefühle schienen miteinander zu verschmelzen. Mit wachsender Panik registrierte sie, wie das verlangende Gefühl von vorhin wieder an die Oberfläche drängte.

Leicht bekleidet und James so nahe – kein guter Zeitpunkt! »Aus demselben Grund, aus dem Sie meinen Club betreten haben: Neugierde und Lust.« Er nahm eine feuchte Locke ihres Haars zwischen die Finger und stützte den anderen Arm neben ihrem Gesicht an die Wand. Sie war gefangen und ihr Herz begann nervös zu hämmern an. Allerdings verspürte sie weniger Angst, als sie eigentlich sollte. Das Pochen, das sich in ihrem Unterleib ausbreitete, begann allmählich alle anderen Gefühle zu überdecken. Höchste Zeit zu verschwinden!

»Bedaure, aber ich werde hier sicher kein Schäferstündchen mit Ihnen halten«, sagte sie und wollte sich unter seinem Arm hinwegducken, doch er versperrte ihr den Weg. »Wissen Sie, das ist eigenartig. Denn normalerweise kommen die Frauen genau deshalb zu mir oder in meine Clubs. Ich gebe einmal im Monat eine Show, bei der ich mir eine der Bewerberinnen auf die Bühne hole und anschließend glücklich mache.«

»Glücklich machen?«, fragte Emma zweifelnd. James zwinkerte ihr zu. »Deshalb besuchen sie meine Show.« Emma runzelte die Stirn. »Und sie lassen sich dafür bezahlen?« War er so etwas wie ein Prostituierter? Er lachte und der Klang seiner Stimme ließ ihre Knie weich werden. »Ob Sie es glauben oder nicht, aber als Mann habe ich gewisse Bedürfnisse. Abgesehen davon bin ich nicht unbedingt auf Geld angewiesen.« Das glaubte sie ihm aufs Wort. »Lassen Sie mich jetzt gehen, oder muss ich laut um Hilfe rufen?« Er sah sie mit einem Blick an, der deutlich machte, dass er ihr kein Wort abnahm. Womöglich glaubte er sogar, sie wies ihn nur ab, um sich interessant zu machen, und das ihre Abneigung gespielt wäre. Seine nächsten Worte bestätigten ihren Verdacht. »Irgendwie kann ich Ihnen nicht ganz glauben, Jessica.

Denn wenn Sie wirklich kein Interesse haben, warum lagen sie dann vorhin halb auf der Bühne? Das sah mir schon sehr ehrgeizig aus.«

Ich bin geschubst worden«, sagte sie und sah trotzig zu ihm auf. Wenn sie ihm noch lange so nahe war, würde sie sich nicht mehr beherrschen können. Ihr Blick ging automatisch nach unten, schnellte aber wieder hoch, als sie ein ganz bestimmtes Körperteil erblickte. Sie sah ihm ins Gesicht und wurde knallrot, James schenkte ihr ein amüsiertes Lächeln. »Geschubst also«, sagte er und fasste sich gespielt ans Kinn. Sie wollte die Gelegenheit nutzen und durch die Lücke entweichen, doch blitzschnell war sein Arm wieder unten, um ihr den Weg zu versperren. Emma sah beeindruckt und gleichzeitig erschrocken zu ihm auf. Er hatte verdammt gute Reflexe. »Dann beantworten Sie mir noch eine Frage: Was war das für eine Reaktion, als ich Sie berührt habe?«

»Ich glaube nicht, dass Sie das etwas angeht«, entgegnete sie. Seine Mundwinkel zuckten, als amüsierte ihn ihre schnippische Art. »Duzen wir uns doch«, schlug er vor. »Meinetwegen. Trotzdem geht es dich nichts an.« Er lachte laut. »Warum so widerspenstig? Bin ich dir etwa zu nahe gekommen? Weißt du, ich glaube, du bist deshalb geflüchtet, weil dir meine Berührungen gefallen haben und weil du, wenn ich weiter gemacht hätte, vielleicht etwas getan hättest, das du später bereust.« Also eines musste man ihm lassen: An Selbstbewusstsein mangelte es ihm nicht! Da er sich wohl mit keiner ihrer Antworten zufriedengeben würde, rückte sie einfach mit der Wahrheit raus. »Wenn du es genau wissen willst, bin ich heute hier, weil mich meine Freundin mitgeschleift hat. Wir haben etwas getrunken und sie hat mir eine Pille gegeben, die mich scharfmacht. Deshalb habe ich vorhin so überreagiert, bilde dir also bloß nichts ein.«

Er stutzte, dann fragte er: »Was war das für eine Pille.« Emma zuckte die Schultern.

»Sollte wohl so etwas wie das weibliche Viagra sein.« James sah sie noch einen Moment an, dann lachte er. »Wenn das wirklich wahr ist, fürchte ich, bleibt dir gar keine andere Wahl, als dich auf mich einzulassen.« »Wie bitte?« »Glaub mir, ich kenne diese Sorte Pille und es wäre sehr ratsam, dem Drang nachzugeben.« Jetzt war Emma diejenige, die lachte. »Du rätst mir also mit dir zu schlafen? Sehr ehrenvoll, aber ich lehne dankend ab.« »Hör zu. Wenn du dich nicht von mir befriedigen lässt, wirst du zu dem nächstbesten Mann rennen und ihn vögeln. Willst du das? Die Wirkung wird noch lange anhalten und erst abflachen, wenn du deinem Verlangen nachgegeben hast. Und hier bin ich. Ich biete mich dir freiwillig an, um dir Abhilfe zu verschaffen.«

Er hatte wieder eine Locke zwischen den Fingern und ließ seine Hand nun über ihr Schlüsselbein gleiten. Emma schloss die Augen bei der zarten Berührung. Er beugte sich zu ihr runter und flüsterte ihr ins Ohr. »Ich werde es dir leicht machen.« Damit küsste er ihren Hals und Emma sackte förmlich in sich zusammen. James lachte und umschloss ihre Taille, um sie aufrecht zu halten und Emma kapitulierte. Wenn noch ein Funken Selbstbeherrschung in ihr gesteckt hatte, so war er nun verpufft. Alles, was sie wollte, war, dass er ihr Verlangen stillte. Während seine Küsse ihren Hals bedeckten, wanderten seine

Hände zu ihrem Rücken hinab, um ihren BH zu öffnen.

Er kappte ihn mit einer einzigen fließenden Bewegung, was ihr zeigte, dass er das schon oft getan hatte. Dieser Gedanke erregte sie noch mehr. Langsam streifte er den BH ab, dann betrachtete er ihre Brüste und glitt ganz sanft mit den Fingerspitzen darüber. Sie sah zu ihm auf und ihre Blicke begegneten sich, dann legte er ihren Kopf in den Nacken und bedeckte sie erneut mit Küssen.

»Du bist wunderschön«, murmelte er und seine Lippen wanderten tiefer. Er kniete sich vor sie und packte sie wieder an der Taille. Emma war dankbar dafür, denn ihre Beine fühlten sich wie Wackelpudding an. Als sein Mund ihre linke Brustwarze umschloss, musste sie keuchen und sich an seinen Schultern festkrallen. Gott, es war so lange her, dass sie auf diese Weise mit einem Mann zusammen gewesen war! Er biss leicht zu, um sie zu necken und Emma krallte sich fester an ihn. Wenn ihm ihre langen Fingernägel wehtaten, so ließ er es sich nicht anmerken.

Er leckte ihre Brustwarze, bis sie dunkel wurde, und wendete sich dann der anderen zu, doch Emma ging das zu langsam. Das Feuer in ihrem Unterleib breitete sich über ihren gesamten Körper aus, und wenn sie nicht bald zum Höhepunkt kam, würde sie noch durchdrehen. »Das reicht. Ich will mehr«, stöhnte sie, woraufhin James lachte.

»Das bekommst du, keine Sorge.« Damit stand er auf und führte sie zu der immer noch laufenden Dusche. »Willst du deine Maske nicht abnehmen?«, fragte er, als sie sich damit unter den Duschstrahl stellte, doch sie schüttelte den Kopf. Es kümmerte sie nicht, dass die Maske nass wurde, aber ihr Gesicht zeigen wollte sie nicht. Er lächelte, nahm ein Shampoo aus der Ablage und tat sich etwas davon auf die Hände. »Dreh dich um«, sagte er und Emma gehorchte. Er stellte den

Wasserstrahl schwächer und positionierte sie so, dass es über ihren Rücken, aber nicht mehr über ihren Kopf lief. Als er sich hinter sie stellte und damit begann ihre Brüste und ihren Bauch einzuschäumen, glaubte sie nicht daran, dass sie es noch lange aushalten würde.

Denn wenn er so weitermachte, würde sie allein durch seine Berührungen kommen. Mit einem Knie schob er ihr rechtes Bein zur Seite, sodass sie breitbeinig dastand. Die Hände sollte sie an die Wand legen. Sie tat es, musste sich aber fest auf die Lippen beißen, um sich nicht einfach umzudrehen und sich zu nehmen, was sie wollte. Nachdem er ihren Oberkörper eingeschäumt hatte, gingen seine Hände tiefer, doch auf so quälend langsame Art, dass Emma die Geduld verlor. »Bitte«, flüsterte sie, doch er drückte ihre Hände wieder an die Wand, als sie sich zu ihm umdrehen wollte.

Einen Moment verharrte seine Hand auf dem nassen Gewebe ihres Slips, den sie immer noch trug, dann schoben sich zwei seiner Finger unter den Stoff und schließlich zwischen ihre Beine. Emma keuchte, als er ihre weiche empfindliche Haut auseinanderschob, um ihren Kitzler zu berühren und sie konnte seine Erektion deutlich gegen ihren Po drängen spüren. Während seine Finger in sie eindrangen, massierte seine andere Hand ihre Brüste und ihr Hals wurde weiterhin mit Küssen bedeckt.

Noch nie hatte sie jemand gleichzeitig auf so viele wunderbare Arten berührt. Von ihrem Exfreund hatte sie nur Sex bekommen, aber das hier war so viel mehr, so viel intimer. Sie wusste nicht, ob sie davon je genug bekommen konnte. Oder sprach da nur der Wirkstoff der Pille aus ihr? James drehte sie zu sich um und kniete sich wieder vor sie. Dann streifte er ihren Slip ab und warf ihn in eine Ecke. Emma hielt sich wieder an seinen Schultern fest, während er ihre Beine auseinanderrückte, denn wenn er sie mit der Zunge berührte, konnte sie nicht garantieren sich auf den Beinen zu halten. »James, ich weiß nicht, ob ich noch lange stehen kann«, sagte sie. Er drückte sie an die Wand und umschloss ihre Pobacken mit den Händen. »Ich halte dich.« Er küsste ihren Bauchnabel und wanderte langsam mit den Lippen Richtung Schambereich.

»Hmmm, so glatt«, hauchte er und gab ihr einen Kuss auf die empfindliche Stelle. Bevor er weiter ging, sah er zu ihr auf, als vergewissere er sich, ob sie das auch wirklich wollte, dann berührte er sie mit der Zunge und Emma sackte zusammen. James lachte, noch während seine Lippen sie berührten, und sein heißer Atem an ihrer zarten Haut ließ sie ihre letzte Selbstbeherrschung verlieren. Sie stöhnte so laut, dass es beinahe einem Schrei gleichkam, was James als Ansporn nahm. Es war, als hätte auch er sich die ganze Zeit über zurückgehalten, denn seine Zunge drang härter und forschender gegen ihre Haut.

Er packte sie an der Taille und ließ sie langsam zu Boden gleiten, dann zog er sie unter dem Duschstrahl hervor, sodass sie mit dem Rücken auf dem Boden lag, und winkelte ihre Beine an, um sich dazwischenzuschieben.

Einen Moment verharrte er über ihren gespreizten Beinen und betrachtete sie einen Moment, dann leckte er einmal und langsam über ihre Haut. Emma keuchte und wollte seinen Kopf zwischen ihre Beine drücken, doch er packte ihre Arme und drückte sie zu Boden. »Bitte«, flehte sie und wand sich unter seinem Klammergriff, doch er hielt sie mit eisernem Griff fest. »Schhh«, machte er und leckte sie erneut. Wieder nur einmal und wieder so quälend langsam, dass es sie um den Verstand brachte. Er ließ ihre Arme los und umschloss mit einer Hand ihre rechte Brust, mit der anderen drückte er ihr Bein an sein Gesicht und bedeckte die Innenseite ihres Schenkels mit zarten Küssen. Sein Mund wanderte tiefer, bis er wieder zwischen ihren Beinen landete. Er ließ ihre Brust los und spreizte ihr zartes Fleisch mit den Händen, dann umschloss er sie mit dem Mund und begann zu saugen. Emma glaubte den Verstand zu verlieren. Sie versuchte es zu unterdrücken, konnte aber irgendwann nicht mehr anders, als lustvoll zu schreien.

»Lauter«, murmelte James, ohne von ihr abzulassen, und als sie seiner Bitte nicht nachkam, weil sie nicht gehört werden wollte, wurde sein Saugen stärker. Emma stöhnte so laut wie nie zuvor und stand kurz vor dem Höhepunkt. James schien es an ihren zuckenden Bewegungen zu merken, denn er hörte abrupt auf. »Was … was machst du denn?«, fragte sie und hatte Mühe die Worte überhaupt auszusprechen. Das Reden fiel ihr schwer, genau wie das Denken. »Ich genieße«, antwortete er. Dann sah er sie wieder mit diesem eindringlichen Blick an und fragte: »Bist du bereit?« Emma nickte und als er sie diesmal berührte, musste er ihren Körper unten halten, so sehr bäumte sie sich auf.

Sein Mund schien mit ihrer zarten Haut zu verschmelzen und seine Zungenbewegungen wurden immer schneller und intensiver. James umschloss ihre Schenkel mit den Händen und drang dann langsam mit der Zunge in sie ein. Gott, wie machte er seine Zunge nur so steif? Er ahmte dieselben Bewegungen nach, als wäre er in ihr, und wurde immer schneller und tiefer. Emmas Orgasmus entlud sich wie ein Stromschlag über ihren gesamten Körper.

Sie schrie und bäumte sich auf, James musste sie erneut nach unten drücken. Als ihre zuckenden Bewegungen langsamer wurden, ließ er von ihr ab und betrachtete sie. Er schenkte ihr ein männliches stolzes Grinsen. Emma schloss die Augen und genoss den Nachklang des Orgasmus. Sie wollte die Beine zusammendrücken, doch James schob sich dazwischen und kniete sich über sie, die Arme neben ihren Schultern gestützt. »Ich bin noch nicht fertig mit dir.« Sie sah, dass er sich ein Kondom übergezogen hatte, und wunderte sich, wo er es so plötzlich herhatte, als er sein hartes Glied zwischen ihre Beine positionierte. Emma wurde schlagartig klar im Kopf. »Warte.« Sein Kopf fuhr hoch und er starrte sie an. »Ich … ich weiß nicht, ob das so eine gute Idee ist?« Er hob die Brauen. »Ich habe ein Kondom, du brauchst dir also keine Gedanken zu machen.« Emma war, als erwache sie aus einem tiefen Traum und als wäre ihr Verstand hinter einer nebligen Wand abgeschirmt gewesen.

Ihr Gewissen kehrte mit einem Mal zurück. »Wir sollten das nicht tun.« Sie zog sich unter ihm hervor und winkelte die Beine an. Plötzlich war es ihr unangenehm, dass er sie nackt sah. James wirkte völlig perplex. »Das war es also?« Als sie sich erhob, stand er mit ihr auf. Er beobachtete, wie sie ihre Unterwäsche einsammelte, hineinschlüpfte und ihre Sachen anzog. Emma spürte die Last seines Blickes auf ihrem Körper und versuchte das Zittern ihrer Hände in den Griff zu kriegen. Sie konnte nicht glauben, was sie gerade getan hatte oder mit sich hatte tun lassen.

James stand immer noch in der Mitte des Raumes und beobachtete sie. Der Blick, mit dem er sie maß, machte ihr Angst. Er war nicht einmal böse oder beleidigt, aber die Art, wie er seine Kiefer zusammenbiss, zeigte ihr, dass er seine wahren Gefühle vor ihr zu verstecken versuchte. Als sie ihre Schuhe angezogen hatte, ging sie zur Tür und rüttelte daran – sie war verschlossen. Angst kroch ihren Nacken hinauf. Mit der Hand an dem Türknauf drehte sie sich zu ihm um. »Warum hast du die Tür verschlossen?« Er kam zu ihr, bis er ihr so nahe war, dass seine Erektion gegen ihren Bauch drängte. Die Arme stützte er wieder neben ihrem Körper ab und sein Gesicht kam ihrem sehr nahe. »Weil ich nicht wollte, dass wir gestört werden. Mir hätte es nichts ausgemacht, aber so ein schüchternes kleines Ding wie du hätte sich sicher daran gestört.« Sie konnte seinem Tonfall entnehmen, dass er sauer war. Dennoch schenkte er ihr ein freundliches Lächeln.

»Was du hier machst, ist sehr grausam, weißt du das? Erst machst du mich heiß und dann lässt du mich abblitzen?« Er rieb sein Glied an ihrem Bauch, doch sie stieß ihn weg, oder versuchte es zumindest, denn er rührte sich keinen Millimeter. »Lass das, bitte. Ich wollte dich nicht … quälen oder so, aber die Wirkung der Pille scheint jetzt nachzulassen und … ich kann einfach nicht mit einem fremden Mann schlafen.« Er lachte.

»Und was war das eben gewesen?« »Das war nicht ich, das … bitte lass mich gehen.« Er stieß seine Stirn gegen die Tür und atmete tief durch. »Du quälst mich, Jessica.« »Tut mir leid«, sagte sie und meinte es auch so. Sie wüsste nicht, wie sie reagiert hätte, wenn sie an seiner Stelle gewesen wäre. Erst ließ sie sich von ihm befriedigen und dann wies sie ihn ab, wenn er dasselbe wollte. Sie wusste selbst, wie egoistisch das war, aber sie konnte nichts dagegen tun.

Sie war zu verstört, um noch irgendein Verlangen zu spüren. Er seufzte, griff neben sich in eine Ablage und holte einen Schlüssel hervor. Er schob sie beiseite, um die Tür zu öffnen, und hielt sie ihr auf. Bevor sie den Raum jedoch verließ, drehte sie sich noch einmal zu ihm um. »Tut mir leid, wirklich«, sagte sie aufrichtig und verschwand dann.

Kapitel 3

Emmas Handy klingelte und sie schlug die Augen auf. Als sie den Anruf entgegen nahm, erklang auch schon Rachels aufgebrachte Stimme. »Emma? Wo bist du?« Emma sah auf die Uhr, es war drei Uhr morgens. »Hey Rachel, ich hab dir doch eine Nachricht hinterlassen. Ich bin zu Hause.« »Ich hab keine bekommen. Warum bist du schon zu Hause? Ist alles okay?« Emma seufzte. »Ja und nein. Hey, ich bin müde, können wir morgen reden?« »Klar.« Rachel vergewisserte sich noch einmal, dass auch wirklich alles in Ordnung war, und legte dann auf. Emma ließ sich erschöpft ins Kissen zurücksinken und schloss die Augen. Nachdem sie die Duschräume verlassen hatte, war sie durchnässt zum Check-out gegangen, hatte ihre Rechnung bezahlt und war nach Hause gefahren. Das war jetzt ganze drei Stunden her und sie konnte noch immer nicht schlafen.

Die Erinnerungen der letzten Stunden ließen sie einfach nicht zur Ruhe kommen. Was hatte sie sich nur dabei gedacht? Gut, sie war dorthin gegangen, um Spaß zu haben, und vielleicht hatte sie sogar mit dem Gedanken gespielt mit einem fremden Mann zu schlafen. Aber das hätte sie doch nie ernsthaft getan! Nicht ohne Einwirkung von Drogen. Daran war nur diese blöde Pille schuld! Aber verdammt noch mal, das war der beste Orgasmus, den sie jemals gehabt hatte, und dabei hatte er nur seine Zunge benutzt.

Sie drehte sich um und drückte ihren Kopf ins Kissen. *Hör auf an ihn zu denken! Es ist vorbei, außerdem wirst du ihn sowieso nie wiedersehen!* Doch so sehr sie sich auch bemühte, sie konnte James einfach nicht verdrängen. Irgendwann schlief sie dann doch ein.

Zwei Wochen später war wieder Normalität in Emmas Leben eingekehrt. Sie hatte Rachel ihr Techtelmechtel mit James detailgetreu wiedergeben müssen, danach aber mit ihm abgeschlossen. Sie wollte nicht eine dieser verzweifelten Frauen werden, die sich James Poster an die Wand klebten und regelmäßig seine Shows besuchten, um vielleicht unter den glücklichen Auserwählten zu sein.

Nein, davon gab es schon genug. Sie musste zu ihrer Schande gestehen, dass sie nicht nur einmal versucht war, das *Haus der Versuchung* erneut zu betreten, um ihn wiederzusehen. Hatte sich dann aber an das letzte bisschen Stolz geklammert und es letztendlich doch sein lassen. Nun war sie über ihn hinweg und dachte kaum noch an ihr kleines Abenteuer. »Haben Sie gehört, Emma?«, fragte Annabel, ihre Chefin, und riss sie aus ihren Gedanken. »Oben Weiß, unten Schwarz«, wiederholte Emma und hielt ihr die Tür auf. »Ganz genau. Und ziehen Sie heute Abend Absatzschuhe an. Bei der Benefiz-Veranstaltung werden die mächtigsten und reichsten Personen der Stadt erscheinen, da sollen unsere Mitarbeiter gut aussehen, selbst die Praktikanten.

Dass Emma Praktikantin war, daran erinnerte ihre Vorgesetzte sie nur allzu gerne. Sie arbeiteten in der größten Eventfirma der Stadt und Annabel war für den Catering-Service zuständig – Emma war ihre persönliche Sklavin. Sie hatte bisher nicht ein bisschen über den Catering-Bereich oder sonst etwas über die Firma gelernt. Dafür durfte sie ihre Unterlagen sortieren und Kaffee holen. Wenn sie das Praktikum überstanden hatte und eine feste Stelle bekam, würde Annabel sie hoffentlich besser behandeln. Um 18 Uhr machte Emma Feierabend, um noch einmal nach Hause zu fahren und sich umzuziehen. Eigentlich hätte sie danach freigehabt, aber Annabel wollte sie heute Abend unbedingt bei der Benefiz-Veranstaltung dabei haben. Weil sie ihr allerdings erst heute Bescheid gegeben hatte, musste sie nun nach Hause eilen, sich umziehen und um 20 Uhr in der Veranstaltungshalle sein. Zu Hause angekommen steuerte Emma zuallererst das Bad an, um sich frisch zu machen. Wie Annabel angeordnet hatte, zog sie eine weiße Bluse, einen schwarzen eng anliegenden Rock und passende schwarze High Heels an.

Die Haare steckte sie sich in einer aufwendigen Hochsteckfrisur auf, an dessen Seiten einzelne Locken herunterhingen. Zum Schluss noch leichtes Make-up, knallroter Lippenstift und fertig. Sie schnappte sich ihre schwarze, extra für feine Anlässe gekaufte, Umhängetasche und verließ die Wohnung. Damit sie nicht so aufgedonnert mit der U-Bahn fahren musste, nahm sie ein Taxi und eine halbe Stunde später war sie da. Die Veranstaltung sah man schon von Weitem. Scheinwerferlicht leuchtete zum Himmel auf, Gekreische erklang und überall herrschte Blitzlichtgewitter, als die Ehrengäste den roten Teppich betraten. Emma hätte viel gegeben, selbst einmal über den roten Teppich zu laufen und sich wie ein richtiger Star zu fühlen, doch für eine einfache Praktikantin wie sie blieb leider nur der Personaleingang.

Sie bat den Taxifahrer am Seiteneingang zu parken und hängte sich den Mitarbeiterausweis um. Dann betrat sie das Gebäude. »Da sind Sie ja!«, sagte Annabel ungeduldig, als Emma die Personalräume betrat. »Die ersten Gäste sind bereits eingetroffen. Sie gehen mit Gordan zu den Büfetts, aber legen Sie vorher Ihre Tasche ab, sonst hält man Sie noch für einen Gast«, sagte sie hektisch und schob sie Richtung

Saal. »Und was soll ich bei den Büfetts machen?«, fragte Emma verwirrt. Immerhin war sie keine Cateringangestellte. »Schick aussehen«, antwortete Annabel nur und winkte sie fort. Emma und Gordan sahen sich an und machten sich auf den Weg zu den Umkleidekabinen. Dort legten sie ihre Privatsachen in einen Spint und begaben sich zu den Büfetts. Emma war sauer. Was dachte sich diese blöde Kuh eigentlich? Sie brachte Emma um ihren Feierabend, damit sie neben dem Büfett stand?

Das tat sie doch mit Absicht! Es gab zwei große Büfetts im Saal, beide am jeweils anderen Ende der Räumlichkeiten. Gordan und Emma mussten sich natürlich jeder an ein anderes Büfett stellen. Emma schätzte, damit sie sich nicht unterhalten konnten. Sie stellte sich brav neben die Anrichte, lächelte freundlich, wenn sich die wohlhabenden Gäste bedienten, und warf alle fünf Minuten einen Blick auf die Uhr, in der Hoffnung die Zeit möge schneller vergehen.

Eine Stunde später waren alle Gäste eingetroffen und der Saal brechend voll. Emma bekam viele Prominente zu Gesicht und wechselte mit dem einen oder anderen sogar ein Wörtchen – allerdings nur, wenn es um das Cateringangebot ging. Aus lauter Langeweile ließ sie ihren Blick durch die Menge schweifen, auf der Suche nach prominenten Gesichtern, als sie jemanden entdeckte. Emma drehte sich blitzschnell zum Büfett um und kehrte der Person den Rücken. »Das darf nicht wahr sein. Das darf einfach nicht wahr sein!«, flüsterte sie und tat, als würde sie das Büfett anrichten. Sie bemerkte, dass ihre Hände vor Nervosität zitterten. »Entschuldigen Sie, dürfte ich mal?«, erklang seine Stimme hinter ihr. Emma erstarrte und drehte sich mit einem nervösen Lächeln zu ihm um. James Aussehen traf sie wie ein Schlag. Er schien noch schöner geworden zu sein, seit sie ihn das letzte Mal gesehen hatte. Sein schwarzes Haar war ordentlich gestylt, der teure Designeranzug umschmeichelte seine schlanke Figur und er trug ein betörendes Parfüm – vielleicht sogar aus seiner eigenen Kollektion. Er nahm sich ein Häppchen am Spieß und berührte sie kurz, als er danach griff.

Ob beabsichtigt oder nicht, aber die Berührung weckte leidenschaftliche Erinnerung in ihr. Emma beobachtete ihn dabei, wie er sich das Häppchen langsam in den Mund schob, und blieb an seinen Lippen hängen. Hitze stieg in ihr auf, als sie daran dachte, wozu diese Lippen imstande waren. Sie gab sich im Geiste eine Ohrfeige und sah weg. »Hmmm, was ist das?«, fragte er und hielt sich den Spieß vor die Nase. Emma hatte es vermieden, musste ihn aber wieder ansehen.

Alles andere wäre unhöflich gewesen. »Wie bitte?« Er deutete auf die Häppchenplatte. »Welche Zutaten wurden hier verwendet? Es schmeckt köstlich.« Emma musste sich bemühen, ihre Stimme ruhig zu halten. Es war ein Albtraum, ihm gegenüberzustehen und tun zu müssen, als wär nichts geschehen. Sie ballte die Hände zu Fäusten, um das Zittern zu unterdrücken. »Ähm, tut mir leid, aber ich bin nicht für das Catering zuständig.« Er sah sie überrascht an, dann verbeugte er sich und gab ihr einen Handkuss. »Ich bitte vielmals um Entschuldigung.

Ich hatte Sie für eine Angestellte gehalten.« Emma entzog sich seiner Hand, freundlich, aber bestimmt. Seine Berührung war ihr unangenehm. »Also das … bin ich auch.« Emma räusperte sich, weil sie einen Kloß im Hals hatte. Gott, was war nur mit ihr los? »Jetzt bin ich verwirrt«, sagte er und schenkte ihr ein schalkhaftes Grinsen. *Oh Gott, Déjà-vu!* »Ich arbeite hier, aber ich bin nicht für das Catering zuständig.« Er nahm sich noch ein Häppchen. »Verstehe.« Dann musterte er sie auf eine Weise, die Emma überhaupt nicht gefiel. Sie schenkte ihm ein höfliches Lächeln und drehte sich dann zum Büfett, um die Gläser zu richten. Konnte er nicht einfach verschwinden?

Als er sie erneut ansprach, musste Emma tief durchatmen. »Wenn Sie mir die Frage erlauben, aber worin genau besteht Ihre Aufgabe?« Sie drehte sich zu ihm um.

»Meiner Chefin zufolge tauge ich offenbar nicht mehr als zu Dekorationszwecken.« James lachte, als hätte sie einen besonders guten Witz erzählt. Wenn er wüsste, dass sie die Wahrheit sagte. »Wie heißen Sie?« Emmas höfliches Lächeln verschwand. »Wenn ich fragen darf«, fügte er hinzu, als er ihren Gesichtsausdruck sah. *Du hattest damals eine Maske aufgehabt, er erkennt dich nicht. Und wahrscheinlich hat er zwischenzeitlich so viele andere Frauen gehabt, dass er sich sowieso nicht an dich erinnert,* versuchte sie sich zu beruhigen. Sie sollte aufhören sich verrückt zu machen. »Emma, sehr erfreut«, sagte sie. »Wie unhöflich von mir, ich habe mich selbst gar nicht vorgestellt.

Ich bin ...« »James Carter. Ich weiß, wer Sie sind«, fiel sie ihm ins Wort. »Tatsächlich?«, fragte er und klang ganz und gar überrascht, was Emma nicht ganz nachvollziehen konnte. Die nächsten Worte verließen ihren Mund, noch bevor sie es verhindern konnte. »Ich bitte Sie. Sie sind der heißeste Junggeselle der Stadt. Nennen Sie mir eine Frau, die Sie nicht kennt?« Emma lachte nervös. »Ähm, verzeihen Sie.

Das war ...« »Sie müssen sich nicht entschuldigen«, sagte er und sah sie auf eine sonderbare Art an. Als hätte er etwas an ihr entdeckt, das er nicht vermutet hätte und das ihm gefiel. Sie starrten sich einen Moment an und Emma war, als würde sie sich in seinen Augen verlieren. Dann räusperte sie sich. »Entschuldigen Sie, ich habe noch zu tun.« Damit rauschte sie an ihm vorbei. Sie steuerte die Damentoilette an und lehnte sich gegen die Tür, als sie diese geschlossen hatte. Das durfte doch alles nicht wahr sein! Warum begegnete sie ausgerechnet ihm und warum musste er nur so hinreißend aussehen? Sie eilte zum Waschbecken und tupfte sich das Gesicht mit kaltem Wasser ab.

Am liebsten hätte sie es sich ins Gesicht gescheffelt, um wieder klar im Kopf zu werden, doch dann würde ihr Make-up verlaufen. Sie atmete tief durch und nahm sich vor, ihre Chefin aufzusuchen. Sie würde ihr weißmachen, sie hätte Kopfschmerzen und dann nach Hause fahren. Als sie aus der Damentoilette kam, suchte sie den Saal nach Annabel ab. Irgendwann entdeckte sie sie und steuerte direkt auf sie zu. Sie wurde allerdings langsamer, als sie sah, mit wem sie gerade in ein Gespräch verwickelt war. Zufällig sah James in diesem Augenblick auf und Emma bog scharf nach links und tat, als hätte sie ihn nicht bemerkt. »Ach Emma«, rief Annabel plötzlich. Emma schloss die Augen und blieb stehen. Dann drehte sie sich zu Annabel um und folgte ihrem Winken. »Gut, dass Sie hier sind, ich wollte gerade zu Ihnen«, sagte sie. Emma sah sie an, vermied es aber zu James zu blicken, der genau neben ihr stand.

»Sicher kennen Sie James Carter, unseren heutigen Ehrengast.« »Selbstverständlich«, antwortete Emma und sah freundlich zu ihm auf. »Er hat einen beachtlichen Betrag an die Kinderhilfsorganisationen gespendet und nicht umsonst den heutigen Ehrenpreis dafür erhalten.«

James schenkte Annabel ein charmantes Lächeln. »Bitte Mrs. Carrington, das war nicht der Rede wert.« »Oh doch, Sie sind viel zu bescheiden, Mr. Carter. Immerhin haben Sie diese Benefiz-Veranstaltung ins Leben gerufen.« Emma sah überrascht zu ihm auf. »Das … ist Ihre Veranstaltung?« »In Zusammenarbeit mit unserer Firma«, bestätigte Annabel und nahm einen Schluck aus ihrem Sektglas. *Vielleicht hättest du einmal die Veranstaltungspapiere lesen sollen, dann hättest du gewusst, was dich heute Abend erwartet*, schalt sich Emma in Gedanken. »Sie wirken überrascht«, stellte James fest und sah sie mit gehobenen Brauen an. »Naja, ich hätte nur nicht gedacht … dass …« Warum stotterte sie? Sie war doch sonst so wortgewandt! Erkenntnis machte sich in James Augen breit, dann nickte er. »Ich verstehe. Sie dachten, jemand wie ich interessiert sich nicht für bedürftige Kinder.«

Konnte es sein, dass seine Stimme an Härte gewonnen hatte? »Nein ich … war bloß überrascht. Ich wollte Sie nicht beleidigen«, sagte Emma und musterte ihn. Wie schon im *Haus der Versuchung,* als sie ihn abwies, hatte er nun etwas Unheimliches an sich. Als hätte er einen Schalter umgelegt. Annabel sah von einem zum anderen, dann sagte sie an Emma gewandt: »Mr. Carter ist an einer weiteren Zusammenarbeit interessiert und braucht noch jemanden, der ihn im Bereich Catering einweiht.« »Dann sind Sie wohl die beste Ansprechpartnerin«, antwortete Emma und warf einen Blick auf die Wanduhr. Es war kurz vor Mitternacht und sie war todmüde – sie wollte einfach nur nach Hause und so schnell wie möglich von James weg. Annabel lächelte Emma begeistert an. »Richtig, aber Mr. Carter wies mich darauf hin, dass dies eine gute Gelegenheit wäre, angehenden Auszubildenden etwas beizubringen.

Deshalb werden Sie uns morgen Abend begleiten.« »Ich?«, fragte Emma vollkommen perplex und sah von einem zum anderen. Auf keinen Fall würde sie mit James und ihrer Chefin essen gehen! »Leider habe ich morgen Abend schon etwas vor«, log Emma und versuchte so aufrichtig wie möglich zu klingen. »Nun, wenn das so ist, können … wir auch allein gehen«, schlug Annabel vor und sah erwartungsvoll zu James auf. Emma verdrehte unauffällig die Augen. Gab es eigentlich irgendeine Frau auf dem Planeten, die ihm

nicht verfallen war? Moment mal, sie gehörte ja selbst dazu! James erwiderte Annabels Lächeln, dann sah er Emma an. »Das Essen wird nicht lange dauern und ich bin sicher, dass Sie die Gelegenheit nutzen wollen, um mehr über ihren zukünftigen Ausbildungsplatz zu erfahren.« Und an Annabel gewandt sagte er:
»Das Geschäftsessen könnte vielleicht der Beginn einer langjährigen Zusammenarbeit sein. Ich bin mir sicher, dass Sie Ihre Praktikantin noch umstimmen können – um ihretwillen.« Er gab Annabel einen Handkuss und wandte sich dann an Emma: »Hat mich gefreut Sie kennenzulernen Jessica.« Emma erstarrte und entzog sich seiner Berührung. »Stimmt etwas nicht?«, fragte er. »Sie sagten Jessica, mein Name ist Emma.« »Verzeihen Sie, Emma. Sie erinnern mich nur an jemanden.« Damit vollendete er den Handkuss und rauschte davon. Emma war beunruhigt. Wusste er etwa, wer sie war, oder war das wirklich nur ein Versehen gewesen?
Annabel wartete, bis er außer Hörweite war, dann sagte sie: »Sind Sie wahnsinnig, James Carter einen Gefallen abzuschlagen? Wenn ich es schaffe, ihn morgen für weitere Projekte zu begeistern, bedeutet das meine Beförderung. Sie werden uns morgen Abend begleiten und keine Widerrede!« Sie nannte ihr die Uhrzeit und den Treffpunkt und schickte sie zurück zum Büfett. Den restlichen Abend verbrachte Emma damit, dem Gefühlschaos in ihrem Innern Herr zu werden und sich eine Menge Fragen zu stellen.

Kapitel 4

Emma betrachtete sich noch ein letztes Mal im Spiegel. Für das heutige Essen hatte sie neutrale Kleidung gewählt. Eine schwarze Röhrenjeans, darüber mittelhohe Stiefel, ein rotes Top und einen schwarzen Blazer darüber. Ihr Outfit war schick, aber nicht aufreizend – genau das Richtige für ein Geschäftsessen. Die Haare trug sie offen über die Schulter fallend und Make-up hatte sie nur leicht aufgetragen. Sie griff nach ihrer Tasche und verließ die Wohnung. Als sie zwanzig Minuten später das Restaurant betrat und nach ihrer Verabredung fragte, führte man sie in einen abgetrennten Bereich, wo James bereits auf sie wartete. Allerdings war er allein. Er saß mit dem Gesicht zu ihr und nippte an einem Whiskeyglas.

Als sie den Tisch erreichte, erhob er sich und wartete, bis sie sich setzte. »Wo ist Mrs. Carrington?«, fragte Emma und zog den Blazer aus. »Bedauerlicherweise hat Mrs. Carrington abgesagt. Es geht ihr nicht gut.« Emma starrte James an.

Das war doch hoffentlich ein Scherz! »Sie … hätten mir auch absagen und sich die Mühe sparen können«, sagte sie und deutete auf den reservierten Tisch. »Ich kann Ihnen ohnehin nicht viel über die Firma erzählen.« Sie fuhr sich mit einer nervösen Geste durchs Haar und legte ihre Hände schließlich in den Schoß. Gott, so hatte sie sich den Abend aber nicht vorgestellt.

»Leider habe ich Ihre Nummer nicht und es wäre unhöflich gewesen, Sie umsonst herkommen zu lassen«, sagte James und musterte sie. »Möchten Sie Champagner?« »Unbedingt«, sagte Emma und versuchte nicht nervös zu klingen. James lachte und schenkte ihr ein, dann stießen sie an. Während Emma einen Schluck nahm, spürte sie seine Blicke auf sich, versuchte diese aber zu ignorieren und woanders hinzuschauen. »Wenn wir nicht über das Projekt sprechen, erzählen Sie mir doch etwas über sich«, schlug James vor.

Emma nahm noch einen Schluck Champagner, ehe sie antwortete: »Da gibt es nicht viel zu erzählen. Ich bin 21 Jahre alt, mache mein Praktikum und werde hoffentlich nächsten Monat übernommen. »Was haben Sie vorher gemacht?« »Das Collage im Bereich Business abgeschlossen.« Er nickte und nippte an seinem Whiskeyglas. Wieder spürte sie seinen Blick auf sich und wieder sah sie weg. »Was sind Ihre Hobbys?«, fragte er irgendwann. Emma war wieder gezwungen ihn anzusehen und vielleicht bildete sie es sich nur ein, aber sie glaubte Herausforderung in seinen Augen zu sehen. »Lesen, schwimmen, feiern.

Was man eben so macht.« Das Gespräch war ihr unangenehm, deshalb atmete sie erleichtert auf, als man ihnen die Karte brachte und sie ihr Essen bestellten. Als sie zehn Minuten später allerdings bestellt hatten, führte er seine Befragung fort. Er wollte wissen, wo sie herkam, wer ihre Eltern waren, ob sie allein in der Stadt lebte und vieles mehr. Emma beantwortete alle Fragen so knapp wie möglich und ließ ihn spüren, dass sie nicht gern mit ihm hier war.

Je schneller er das begriff, desto frühzeitiger wurde das Essen beendet und sie musste ihn nie wieder sehen. James ließ sich allerdings nicht von ihrer prägnanten Art abschrecken, im Gegenteil schien er äußerst interessiert an Emmas Privatleben. Während sie seine Fragen beantwortete, beschäftigte sie sich mit Champagnertrinken. Wenn sie betrunken war, konnte sie seine Nähe vielleicht besser ertragen und ihre Nervosität würde nachlassen. »Entschuldigen Sie mich«, sagte James nach dem Essen und verschwand auf die Toilette. Emma nutzte die Gelegenheit, um ihr Glas in einem Zug zu leeren und sich schnell nachzugießen, damit es nicht auffiel. Sie spürte bereits, wie der Alkohol zu wirken begann. Gut so! Vielleicht sollte sie sich auf dem Tisch übergeben, das würde den Abend sicher verkürzen.

Als er wiederkam, genehmigte sich Emma noch ein Schluck. Sie musste zugeben, dass der Champagner von Glas zu Glas köstlicher schmeckte. »Haben Sie denn keine Fragen an mich?«, fragte James irgendwann. »Wie bitte?« James nahm einen Schluck Whiskey. »Ich löchere Sie seit einer Stunde mit Fragen, Sie haben mir dagegen keine einzige gestellt.« Emma lachte. »Wissen Sie … ich möchte nicht unhöflich sein, aber ich glaube nicht, dass das etwas bringen würde.« Er runzelte die Stirn. »Und warum nicht?« Emma musste einen Schluckauf unterdrücken. »Naja, Sie sind der berühmte Mr. Carter und ich eine einfache Praktikantin. Warum sollte ich irgendetwas über Sie herausfinden wollen, wenn ich Sie sowieso nie wiedersehe?«

Er lehnte sich über den Tisch und verschränkte die Hände unter dem Kinn. »Und wer sagt Ihnen, dass ich Sie nicht wiedersehen möchte?« Emma lachte und spürte gleichzeitig, wie ihr der Champagner zu Kopf stieg. Ihre Wangen fühlten sich bereits ganz heiß an. »Naja, soweit ich weiß, ist das Essen hier nur ein Zufall. Andernfalls wären Sie wohl kaum mit jemandem wie mir essen gegangen, oder?«

Er lächelte. »Soweit Sie wissen.« Emma starrte ihn einen Moment an, schüttelte dann den Kopf. *Nein, das war unmöglich. Er hatte nicht wissen können, dass Annabel absagen wird. Er bluffte nur!* Sie erhob sich. »Entschuldigen Sie mich einen Augenblick. Bin gleich wieder da.« Sie schob ihren Stuhl zurück und musste sich an der Tischkante festhalten, weil sie plötzlich schwankte. Du liebe Güte! Der Champagner haute aber ganz schön rein! »Ist alles in Ordnung?«, fragte James und wollte sich ebenfalls erheben. »Ja ja, alles bestens«, versicherte Emma und ging davon. Sie hoffte, dass sie nicht wankte.

In der Damentoilette angekommen tupfte sie sich das Gesicht ab. Seine ständigen Andeutungen, die herausfordernden Blicke. Das gefiel ihr nicht. Es war, als mache er sich über sie lustig, als wüsste er genau, wer sie war. Oh Gott, er wusste es doch nicht, oder? Als sie sich wieder an den Tisch setzte, musste sie sich hoch konzentriert an der Tischkante festhalten. »Ist wirklich alles in Ordnung?«, erkundigte sich James. Emma strich ihre Haare glatt. »Ich glaube, ich vertrage keinen Champagner«, gab sie zu. Lügen war sowieso zwecklos, so wie sie torkelte. »Und Mr. Carter. Wie läuft Ihre Parfümserie?«, fragte sie und versuchte ihm dabei in die Augen zu sehen. Sie hielt seinem Blick ganze fünf Sekunden stand. »Jetzt haben Sie also doch Fragen?«, sagte er und lehnte seinen Oberkörper über den Tisch.

Emma ließ sich automatisch in die Lehne fallen. »Ich wusste gar nicht, dass Sie meine Parfümserie kennen. Sagen Sie, waren Sie schon einmal im Haus der Versuchung?« Die Frage irritierte sie. »Äh … nein, warum?« Er nippte an seinem Glas und zuckte die Schultern. »Hm, ich hätte schwören können, dass ich Ihnen schon einmal begegnet bin.« Emma kniff die Augen zusammen und beäugte ihn misstrauisch. Dann sagte sie: »Bei den vielen Frauen, die sich Ihnen an den Hals werfen, würden Sie sich bestimmt nicht daran erinnern.« Er stellte das Glas ab und maß sie mit einem durchdringenden Blick. »An Sie erinnere ich mich ganz genau.« Emma erstarrte. »Komm schon. Glaubst du wirklich, eine einfache Maske schützt dich vor dem Wiedererkennen? Ich erinnere mich an alles. Deine Stimme, deine Haare, deinen Gang und vor allem deinen Körper.« Emma schob den Stuhl zurück und stand auf. »Ich habe keine Ahnung, wovon Sie reden. Ich bin müde und gehe jetzt besser nach Hause.« Sie wartete seine Antwort gar nicht erst ab, sondern schnappte sich ihren Blazer und verließ das Lokal. Es war unhöflich, ihn einfach mit der Rechnung sitzen zu lassen und zu erwarten, dass er sie zahlte, nur weil er wohlhabend war, aber darauf konnte sie jetzt keine Rücksicht nehmen.

Er hatte sie durchschaut, hatte die ganze Zeit über gewusst, wer sie war, und mit ihr gespielt! Mit zittrigen Händen zückte sie ihr Handy, um ein Taxi zu rufen, sah dann aber, dass es ausgeschaltet war. Super, ein leerer Akku! Dann musste sie eben zur U-Bahn laufen. Sie zog sich den Blazer über und ging die Straße entlang, als sie mit dem Hacken umknickte. »Scheiße«, rief sie und zog die Absatzschuhe aus. So betrunken, wie sie war, würde sie sich noch den Hals brechen. »Ich kann dich nach Hause fahren«, erklang James Stimme hinter ihr. Zu Tode erschrocken wirbelte Emma herum.

»Äh … das geht schon, danke«, stotterte sie und ging weiter. James lief neben ihr her. »Es ist schon spät und in deiner Verfassung solltest du nicht alleine nach Hause fahren.« Sie schüttelte den Kopf. »Wie heißt du denn nun? Jessica oder Emma?« »Lass mich in Ruhe», zischte sie und sah stur geradeaus. »Also gibst du zu, dass du mich kennst?« Sie wollte einfach weiterlaufen, trat aber auf einen spitzen Stein und knickte quickend um. Bevor sie jedoch zu Boden gehen konnte, fing James sie auf. Emma sog scharf die Luft zwischen den Zähnen ein und löste sich von seiner Berührung. »Was soll das Theater. Lass mich dich nach Hause bringen.«

Emma sah ihn an. »Warum?« »Weil du verletzt bist und ich ein Auto habe.« Das hatte sie nicht gemeint, aber vielleicht wusste er das auch. Was sie eigentlich hatte wissen wollen, war, warum er sich mit ihr getroffen hatte. »Du hast getrunken. Ich fahre bestimmt nicht mit dir«, gab sie zurück. »Ich habe einen Fahrer«, sagte er und holte sein Handy aus der Manteltasche. Er tippte auf der Tastatur herum und steckte es dann wieder ein. Dann führte er Emma an eine Steinbank und ließ sie dort Platz nehmen. Sie bedankte sich, sah aber nicht zu ihm auf.

In ihrem Kopf herrschte ein zu wirres Durcheinander. *Er weiß, wer du bist. Er hat schmutzige Dinge mit dir gemacht. Hat dir nachgestellt, dich zum Essen gelockt.* Ihre Gedanken wurden unterbrochen, als er sagte: »Gehen wir, es ist da.« Sie zögerte noch einen Moment, dann stand sie auf und ging zu seinem Wagen – die helfende Hand, die er nach ihr ausgestreckt hatte, ignorierte sie. An seinem Wagen angekommen, setzte er sich auf den Beifahrersitz und Emma hinter ihn. Sie verkroch sich hinter seinem Sitz, damit er sie nicht im Spiegel beobachten konnte. »Wo soll es hingehen?«, fragte der Chauffeur und sah sie im Rückspiegel an. Sie nannte ihm die Adresse und er gab Gas.

Eine Viertelstunde später parkte er vor ihrer Wohnungstür. Sie bedankte sich, stieg aus und lief zur Haustür. Feige, wie sie war, ließ sie den Blick gesenkt. Als sie ihre Handtasche nach dem Hausschlüssel durchforstete, hörte sie, wie eine Tür zugeschlagen wurde und sich Schritte näherten. Sie blickte auf und sah gerade noch, wie der schwarze Wagen um die Ecke bog – James kam auf sie zu. Sie ließ ihre Hand in der Tasche und sah ihn fragend an. »Warum fährt er ohne dich weg?« »Ich fahre später«, antwortete er nur. Als sie den Schlüssel gefunden hatte, kehrte sie ihm den Rücken zu und schloss die Tür auf. »Woher weißt du, wer ich bin? Wie hast du mich gefunden?« Er stellte sich neben sie, sodass er in ihr Blickfeld trat. Sie sah ihn an. »Sagte ich doch, deine Maske.« Sie schüttelte den Kopf. »Die Maske hat mein Gesicht mehr als verdeckt, außerdem habe ich meine Stimme verstellt. Daran lag es nicht.« Er lächelte unschuldig, als habe sie ihn erwischt. »Also gut. Ich sage es dir, wenn du mich reinlässt.« Sie verzog das Gesicht. »Ganz bestimmt nicht! Ich lasse doch keinen Fremden in meine Wohnung!«

Er schenkte ihr ein herablassendes Lächeln. »Stimmt, dafür lässt du mich ganz woanders rein.« Sie starrte ihn einen Moment an, unfassbar, was er eben gesagt hatte. Dann holte sie aus, um ihm eine Ohrfeige zu verpassen, doch er fing ihren Schlag ab. »Entschuldige. Das war unhöflich.« Er klang aufrichtig. »Leck mich«, rutschte es ihr heraus, dann besann sie sich ihrer Worte. Sie lief rot an und sah aus den Augenwinkeln sein hämisches Grinsen. Schnell zog sie die Tür auf, um hineinzuschlüpfen, doch er drückte den Spalt weiter auf. »Darf ich dich begleiten?« »Nein«, rief sie mit gedämpfter Stimme und ließ ihn am Eingang stehen.

Hastig stieg sie die Treppen hinauf, das Stechen in ihrem rechten Fuß ignorierend. Ein Blick über die Schulter zeigte ihr, dass er ihr nicht folgte. Gut! Als sie die dritte Etage erreicht hatte, schloss sie zügig die Wohnungstür auf und schlüpfte hinein. Sie wollte die Tür gerade schließen, als eine Hand im Spalt erschien und sie aufdrückte. Sie keuchte und stolperte zurück. Dann beobachtete sie, wie er die Tür zudrückte und abschloss. Emma war wie gelähmt. Würde er ihr etwas antun? »Du brauchst nicht so ängstlich zu schauen, ich will dir nichts tun – nur reden«, sagte er und zog unaufgefordert seinen Mantel aus. Als sie keine Anstalten machte sich zu bewegen, kam er zu ihr, nahm ihr die Absatzschuhe ab und wollte ihr den

Blazer ausziehen, doch sie wich zurück. »Fass mich nicht an.« »Das klang aber letztens noch ganz anders.« Sie erwachte allmählich aus ihrer Starre. »Das war nicht ich, sondern die verdammte Pille.« »Eine bessere Ausrede fällt dir wohl nicht ein«, sagte er und ging ins Wohnzimmer. »Das ist keine Ausrede, ich stand unter Drogen und Alkohol noch dazu.« Er nahm ihr gegenüber Platz, sie blieb neben dem zweiten Sofa stehen.

»Woher weißt du, wer ich bin?«, fragte sie erneut. Er schenkte ihr ein verführerisches Lächeln. »Jetzt, wo du mich so nett hereingebeten hast, kann ich es dir wohl erzählen.« Sie verschränkte die Arme vor der Brust und wartete auf eine Erklärung.

»Als du aus der Dusche geflüchtet bist, bin ich zu den Büros gegangen und habe dich über die Überwachungskameras gesucht.

Dann musste ich nur noch zum Check-out gehen und mir deine Personalien geben lasse. Es war also ein Leichtes deinen Namen und deine Adresse herauszukriegen. Ich recherchierte ein bisschen im Internet und fand heraus, wo du arbeitest.

Dann habe ich mich mit deiner Firma in Verbindung gesetzt und den Cateringservice gebucht, um deine Chefin und dich zu der Benefiz-Veranstaltung zu locken.« Emma starrte ihn mit offenem Mund an, dann fand sie ihre Sprache wieder. »Wow, jetzt bist du bestimmt stolz auf dich. Es muss toll sein, so reich und mächtig zu sein wie du und jedem nachspionieren zu können. Kennst du das Wort Privatsphäre?

Du hattest kein Recht mir nachzustellen, genau genommen könnte ich dich dafür sogar anzeigen.« »Ich verstehe, dass du sauer bist, aber du hast mir keine Wahl gelassen. Du warst so schnell weg, dass ich keine Möglichkeit hatte, anders mit dir in Kontakt zu treten.« Sie zog die Brauen hoch. »Genau darum ging es ja auch. Dich nie wiederzusehen. Du magst es vielleicht nicht gewohnt sein, stehen gelassen zu werden, aber genau das war Sinn und Zweck des Ganzen. Wenn du jetzt also bitte gehen würdest?« Sie deutete zur Tür, doch er rührte sich nicht. »Du hast recht, ich bin es nicht gewohnt, aber das ist es nicht, was mich so an dir fasziniert hat.« Sie schnaufte. »Oh doch, genau das ist es. Wenn ich dich nicht stehen gelassen hätte, hättest du dich mit mir amüsiert und mich dann links liegen lassen.

Ich bin doch bloß so lange interessant, bist du mich rumgekriegt hast.« Er stand auf und kam langsam auf sie zu. »Nein, so ist es nicht. Nicht bei dir.« Sie lachte bitter. »Männer wie du haben immer nur das eine im Kopf und dann verlassen sie einen und betrügen ihn mit einer guten Freundin, die man schon sein Leben lang kennt.« Sie konnte nicht verhindern, dass sie verletzt klang.

»Du bist betrogen worden, ich verstehe.« Als er vor ihr stand, sah sie zu ihm auf. »Ich habe das Essen organisiert, um dich wiederzusehen, und wenn ich dich dadurch in Verlegenheit gebracht habe, tut es mir leid.« Er ging an ihr vorbei zur Tür. »Ich werde dir beweisen, dass ich es ernst meine.« Damit verließ er die Wohnung und Emma blieb völlig verdattert im Wohnzimmer zurück.

Kapitel 5

Den nächsten freien Tag verbrachte sie damit, über James nachzudenken und Rachel jede Einzelheit des Abends zu berichten. »Mensch Emma, der steht auf dich. Der reichste und heißeste Mann der Stadt steht auf *dich*!«, sagte sie.

Doch Emma klang nicht überzeugt, als sie antwortete: »Behauptet er zumindest.« Rachel seufzte. »Warum bist du so pessimistisch? Er hat sich die Mühe gemacht dich zu einer Gala und zum Essen zu locken, das muss doch was bedeuten.« »Ja, dass er Langeweile hat und nicht weiß, wohin mit seinem Geld.« Rachel stöhnte. »Weißt du was? Wenn du ihn nicht haben willst, nehme ich ihn dir liebend gern ab. Hach, warum konnte ich ihm nicht begegnen?« Emma lachte. »Okay, ich muss noch einkaufen. Wir sehen uns.« Sie legten auf und Emma zog sich an. Als sie allerdings die Wohnungstür öffnete, blieb sie überrascht stehen. Auf der Türschwelle stand ein gewaltiger Blumenstrauß aus roten und rosafarbenen Rosen.

Emma hatte noch nie so einen großen Strauß gesehen. Sie nahm ihn hinein und stellte ihn auf den Esstisch. Ihr war natürlich klar, von wem er stammte, doch er war zu schön, um ihn draußen stehen zu lassen. Sie nahm das Kärtchen, das in dem Meer aus Rosen steckte, und klappte es auf. *Für eine wundervolle Begegnung. Bitte geh mit mir aus.* Darunter stand eine Telefonnummer. Emma legte das Kärtchen weg und schüttelte den Kopf. Welchen Teil von ‚sie will nichts mit ihm zu tun haben‘ hatte er eigentlich nicht verstanden? Als sie am nächsten Tag auf der Arbeit erschien, kam ihr Annabel, ihre Chefin, entgegen. »Tut mir leid, dass ich das Essen abgesagt habe, aber mir ging es überhaupt nicht gut. Muss auf der Gala wohl was Falsches gegessen haben. Hat Mr. Carter Ihnen rechtzeitig abgesagt?«

Emma wollte gerade überlegen, ob sie lügen oder die Wahrheit sagen sollte, da rief jemand nach Annabel und sie rauschte an ihr vorbei. Emma blieb etwas verwirrt zurück. Offenbar hatte ihr James nichts von dem Essen erzählt und sie schien sich wirklich nicht gut gefühlt zu haben. Emma wurde aus ihren Gedanken gerissen, als ihre Chefin wiederkam und sie mit barschem Tonfall in die Empfangshalle zitierte.

»Können Sie mir das bitte erklären?«, fragte Annabel und deutete zum Foyer. Emma folgte ihr und blieb dann wie angewurzelt stehen. Der gesamte Empfangsraum war mit Blumensträußen zugestellt. Sie zählte kurz durch, hörte aber auf, als sie mehr als dreißig Sträuße zählte.

Sie sah, wie weitere Blumen hineingetragen wurden. »Ähm, ich glaube nicht, dass die für mich sind«, sagte sie und musste sich insgeheim ein Grinsen verkneifen. Es war ein atemberaubender Anblick, wie der Empfangstresen in dem Blumenmeer versank. Annabel sah sie mit hochgezogenen Augenbrauen an und nahm ein Kärtchen aus einem der Sträuße. »Dort steht aber Ihr Name drauf, auf jedem einzelnen Kärtchen.« Emma nahm das Kärtchen entgegen. Dort stand tatsächlich ihr Vor- und Nachname, aber auch eine Telefonnummer.

Ihre Chefin ging zu dem Lieferanten hinüber und verlangte, dass die Anlieferung eingestellt und die Sträuße wieder mitgenommen wurden, doch die Arbeiter weigerten sich. Sie sagten, sie hätten strenge Anweisungen und müssten alle neunundneunzig

Sträuße abliefern. Als er das sagte, fiel Annabel beinahe die Kinnlade herunter und auch Emma war beeindruckt. Und der ganze Aufwand nur, damit sie mit ihm ausging? Sie zog sich auf die Toilette zurück und rief unter der Nummer auf dem Kärtchen an. »Ahhh, du hast meine kleine Aufmerksamkeit erhalten«, sagte James amüsiert.

»Klein nennst du das? Meine Chefin dreht gerade durch. Was soll das?«, fragte Emma mit gesenkter Stimme. »Also mit einem ‚Dankeschön, die Blumen sind wunderschön' wäre ich auch schon zufrieden«, antwortete er nur. Emma seufzte.

»Dankeschön, die Blumen sind wunderschön. Und jetzt lass sie wieder einladen.« »Erst wenn du mir versprichst, mit mir auszugehen.«

Emma blieb einen Moment die Sprache weg. »Ich lasse mich doch nicht erpressen. Außerdem dachte ich, habe ich mich letztens deutlich ausgedrückt.« »Das hast du, aber ich mich auch.«

»Was willst du, James? Machst du das, um dich an mir zu rächen, weil ich damals aus den Duschräumen geflüchtet bin?« »Ich möchte dich nur kennenlernen.« Als sie nicht antwortete, sagte er: »Du solltest dich mit deiner Antwort vielleicht etwas beeilen, es warten nämlich noch drei weitere Lastwagen darauf entladen zu werden.« »Ist das dein Ernst?«, fragte Emma entsetzt. Annabel würde ihr die Hölle heißmachen. »Nur eine Verabredung.

Danach lasse ich dich in Ruhe.« Emma zögerte. »Versprochen?« »Versprochen«, bestätigte er und Emma lenkte ein. »Also gut, wo soll's hingehen?« »Das ist eine Überraschung«, sagte er mit einem Lächeln in der Stimme und legte auf. Emma sah das Telefon noch einen Moment verdattert an und steckte es dann weg. Sie schüttelte den Kopf, musste dabei aber lächeln. Warum tat er das? Hatte er wirklich Interesse an ihr, oder wollte er nur mit ihr spielen? Sie wusste nicht ganz, was sie von ihm halten sollte, immerhin handelte es sich hier um James Carter, dem Casanova Nummer eins. Sie nahm sich vor es herauszukriegen und das gelang ihr nur, wenn sie seinem Werben nachging und sich mit ihm traf. Nun ja, sie war gespannt, wo das hinführte!

Kapitel 6

Emma stand seit zwanzig Minuten vor dem Spiegel und hatte keinen Schimmer, was sie anziehen sollte. Ihr gesamter Kleiderschrankinhalt lag auf dem Boden verstreut, doch es ließ sich einfach nichts Passendes finden. Die Entscheidung wäre ihr wesentlich leichter gefallen, wenn James ihr verraten hätte, wo es überhaupt hinging.

Aber alles, was er gesagt hatte, war, dass sie sich das Wochenende frei nehmen und um 15 Uhr in seiner Firma sein sollte. Immerhin wäre es ihr erstes Date und das solle etwas Besonderes sein. Wenn man allerdings genau sein wollte, war es bereits ihr zweites Date. Das erste Mal lockte er sie und ihre Chefin zu einem Geschäftsessen, nur hatte sich Annabel an diesem Abend nicht wohlgefühlt und so hatte Emma mit James allein essen müssen. Wie sie den begehrtesten und wohlhabendsten Junggesellen der Stadt überhaupt kennengelernt hatte?

Nachdem Emma von ihrem Freund betrogen wurde, hatte ihre beste Freundin Rachel sie ins *Haus der Versuchung* geschliffen, eine Mischung aus Diskothek und Swingerclub, wo sie ein Techtelmechtel mit James gehabt hatte. Sie versuchte ihr kleines Abenteuer so gut es ging zu vergessen, doch dann begegnete sie James bei einer Veranstaltung wieder und seitdem ließ er sie nicht mehr in Ruhe. Eigentlich hatte sie nichts weiter mit ihm zu tun haben wollen, aber als er einen ganzen Lastwagen Blumensträuße in ihre Firma liefern ließ, um sie zu überreden, war sie seiner Einladung nachgekommen. Sie war geschmeichelt, dass er sich ihretwegen solche Mühe machte, denn ein Mann wie James konnte so ziemlich jede Frau haben. Doch genau da lag auch das Problem. Wer sagte ihr, dass sie nicht nur eine weitere Eroberung für ihn war? Niemand, aber sie wollte auch nicht zu Hause herumsitzen und sich ständig fragen, ob er es ernst meinen könnte.

Der einfachste Weg, das herauszufinden war, sich auf ihn einzulassen und wenn sie ehrlich sein sollte, war James das Aufregendste, das ihr in letzter Zeit widerfahren war. Und etwas Aufregung konnte sie wahrlich gebrauchen. Ihr Telefon klingelte und nachdem Emma einen kurzen Blick aufs Display geworfen hatte, ging sie seufzend ran. »Nein Rachel, ich weiß immer noch nicht, wo es hingeht und ja, ich werde dir schreiben, sobald ich es weiß.« »Ich werde dich in einer halben Stunde noch einmal daran erinnern«, versprach Rachel und legte auf. Emma lächelte und fuhr mit ihrer privaten Modenschau fort. Eine Stunde später war sie angezogen und verließ mit einem kribbelnden Bauch die Wohnung.

Sie hatte sich für ein trägerloses beigefarbenes Cocktailkleid mit einer schwarzen Schleife im Taillenbereich entschieden. Dazu bequeme Absatzschuhe und einen schwarzen Bolero. Ihre Haare lagen leicht gewellt auf den Schultern und Make-Up trug sie nur dezent. Emma nahm die U-Bahn, welche praktischerweise direkt vor ihrer Haustür lag und war eine Viertelstunde später da. Bis vor Kurzem hatte sie noch nicht gewusst, dass James eine eigene Immobilienfirma besaß, denn er war vorrangig für seine Nachtclubs bekannt. Auch der Swingerclub, in dem sie ihn kennengelernt hatte, gehörte ihm und nun das. Eine Immobilienfirma, die sich *The Carter* nannte. Sie konnte sich nicht einmal ansatzweise vorstellen, wie es sein musste, so viel Geld zu besitzen. Als sie das Gebäude betrat, fragte sie am Empfang nach ihrer Verabredung. Die nette Dame schickte sie in den zehnten Stock, wo sie in einem Vorraum Platz nehmen sollte. Das tat sie und zehn Minuten später sah sie eine Schar Männer im Anzug aus dem gegenüberliegenden Raum treten. Kurz darauf folgte James. »Tut mir leid. Das Meeting hat etwas länger gedauert«, sagte er und blieb vor ihr stehen. Er gab ihr nicht die Hand oder berührte sie sonstwie, was sie ihm zugutehielt. Er überließ ihr die Entscheidung der Begrüßung.

Da sie selbst nicht genau wusste, wie sie reagieren sollte, gab sie ihm die Hand, was seine Mundwinkel zucken ließ. Doch er beließ es nicht bei einem einfachen Händeschütteln, sondern führte ihren Handrücken an seinen Mund und drückte ihr einen hauchzarten Kuss darauf. Emma schauderte bei der Berührung seiner Lippen und versuchte, ihre Gefühle mit einem Lächeln zu überspielen. Sein Blick machte allerdings deutlich, dass ihm ihre Reaktion nicht entgangen war.

»Du siehst gut aus«, sagte er und führte sie Richtung Fahrstuhl. Sie lächelte und erwiderte das Kompliment, auch wenn es nicht ganz der Wahrheit entsprach. Er sah nicht nur gut aus, er war der schönste Mann, den sie je gesehen hatte und der heißeste noch dazu. Er war groß und schlank, dennoch war sein Körper durchtrainiert und sehr definiert. Sie musste es wissen, immerhin hatte sie ihn schon nackt gesehen. Er trug ein weißes Seidenhemd und wieder diese teure schwarze Designerhose.

Es schien seine Lieblingsmarke zu sein, denn sie hatte ihn bisher nur in diesen Hosen gesehen und sie bezweifelte, dass er immer dieselbe trug. Wahrscheinlich besaß er einen ganzen Kleiderschrank desselben Exemplars. Als James den Fahrstuhl in die 18. Etage schickte, runzelte Emma die Stirn. Sie hatte erwartet, dass sie die Firma verließen, stattdessen fuhren sie, laut Anzeige, zum Dachgeschoss hinauf. »Wo wollen wir hin?«, fragte Emma verwundert. Besaß er etwa ein Dachappartement über seiner Firma? »Wirst du schon sehen«, antwortete er mit einem geheimnisvollen Zwinkern.

Die Fahrtstuhltüren öffneten sich mit einem ‚Ding' und sie traten direkt auf das Dach hinaus. Warmer Sommerwind wehte durch ihr Haar und sie schloss einen Moment die Augen, um das Gefühl zu genießen. Als sie jedoch zur Mitte des Platzes sah, blieb sie schlagartig stehen.

»Ein Hubschrauber«, sagte sie und klang alles andere als begeistert. James blieb ebenfalls stehen. »Was ist los?« Er folgte ihrem besorgten Blick, dann machte sich Erkenntnis in seinen Augen breit. »Du hast Flugangst?« Sie nickte und starrte den Helikopter an, als wäre er eine Kreatur, die der Hölle entsprungen war. »Kein Problem. Wir können auch ein Taxi nehmen«, schlug er vor und versuchte ihren Blick einzufangen. Doch Emma schüttelte den Kopf. Sie war bisher nur einmal geflogen und das war die Hölle gewesen. Allerdings handelte es sich um ein Flugzeug und nicht um einen Hubschrauber.

Vielleicht ist es ja gar nicht so schlimm, redete sie sich ein und schritt weiter darauf zu. »Bist du sicher?«, hakte James nach und folgte ihr. »Wird schon«, versicherte sie mit krächzender Stimme. Sie wollte ihm seine Überraschung nicht ruinieren, denn er musste sich etwas dabei gedacht haben, einen Hubschrauber zu organisieren. *Oder er fliegt jeden Tag damit zur Arbeit.* James half ihr einzusteigen und schnallte sie an.

Dann nahm er ihr gegenüber Platz und gab dem Piloten das Startzeichen. Die Rotoren setzten sich augenblicklich in Bewegung und der Helikopter hob ab. Als sie mehrere hundert Meter über dem Erdboden schwebten, klammerte sich Emma fest an ihren Sitz. Sie versuchte möglichst nicht daran zu denken, wie lang der Weg nach unten sein würde und starrte auf ihre Füße. Irgendwann blickte sie zu James auf und sah gerade noch, wie er sein Lächeln in ein ernstes Gesicht verwandelte. »Schön, dass ich dich amüsiere«, sagte sie und brachte selbst ein schwaches Lächeln zustande. »Ich könnte dich ablenken, indem ich dir was nettes erzähle«, schlug er vor und machte es sich in seinem Sitz bequem. Emma warf ihm einen beneidenden Blick zu.

Wie konnte er nur so locker dasitzen, wo sie jeden Augenblick abstürzen könnten? »Gern«, sagte sie, aber mehr aus Höflichkeit. Sie war viel zu sehr damit beschäftigt nicht ans Sterben zu denken, als sich auf einen Smalltalk zu konzentrieren.

»Hörst du mir eigentlich zu?«, fragte James zwanzig Minuten später. Er hatte davon erzählt, wie er dazu gekommen war, seinen ersten Stripclub zu eröffnen. Vor sechs Jahren lernte er eine fünfzehn Jahre ältere Stripperin kennen und verliebte sich Hals über Kopf in sie. Sie hatten eine kurze Affäre, doch ihren Kindern zuliebe, welche immer noch an ihrem verstorbenen Vater hingen, ging sie keine ernste Beziehung mit ihm ein.

Dafür nahm sie ihn jedes Wochenende zur Arbeit mit und so machte James das erste Mal Bekanntschaft mit den Nachtclubs. Weil sie jedoch zu alt war, wurde sie eines Tages gefeuert und ihre Welt brach zusammen. James bot ihr einen gutbezahlten Job, ja sogar Geld an, doch sie lehnte ab. Im Stripclub zu arbeiten, war ihre Leidenschaft, ihr Leben und weil er es nicht ertragen konnte, sie leiden zu sehen, kaufte er kurzerhand den Stripclub auf und überließ ihr die Geschäftsführung. Er erzählte auch, wie er zu seiner Dating- und Immobilienforma gekommen war, aber irgendwann war Emma abgedriftet. »Tschuldige«, sagte sie. »Ich kann mich nicht konzentrieren. Sind wir bald da? Ich glaube, mir wird schlecht.« Er nickte verständnisvoll. »Nicht mehr lange, dann hast du es geschafft.« »Nicht mehr lange waren tatsächlich noch fünfzehn Minuten, in denen Emma Todesängste litt. Nie wieder, das schwor sie sich, würde sie in einen Flieger steigen. Der Helikopter landete auf einem kleinen Platz, inmitten eines gewaltigen königlichen Anwesens.

»Oh, wow«, machte Emma, als sie ausgestiegen war und sich umsah. Sie wusste nicht, wie viele Hektar das Land maß, aber es waren viele. Vom Landeplatz führte ein gepflasterter, mehrere hundert Meter langer Weg zur Villa. In der Ferne sah sie hohe Mauern das Anwesen umschließen. Dennoch war das Anwesen so gewaltig, dass man meinen könnte, man befände sich auf freiem Land. Prächtige und seltene Bäume kreuzten ihren Weg und je näher sie dem Gebäude kamen, desto mehr Blumen gesellten sich dazu, bis sie schließlich in einen Rosengarten gelangten. Die weiße Villa besaß zwei Etagen und war wie eine Wohnlandschaft gebaut, so dass es an beiden Seiten jeweils einen Wohnflügel gab. Die Front wurde von verzierten Säulen gehalten, die sich über beide Etagen erstreckten. »Hier wohnt also der berühmte Mr. Carter«, sagte Emma beeindruckt. »Hier wohne ich«, bestätigte er und führte sie hinein.

»Was, kein Butler, der die Tür öffnet?«, scherzte sie. James lächelte. »Ich habe meine Angestellten nach Hause geschickt, damit ich dich ganz für mich allein habe. Vor allem die braungebrannten Gärtner mit ihren Waschbrettbäuchen hätten dir den Kopf verdreht.« Emma lachte, doch mehr um ihre Nervosität zu überspielen, die allmählich in ihr hochkam. So ganz allein in James Haus fühlte sie sich dann doch etwas befangen. Ihre Bedenken wurden aber fortgespült, als sie das Gebäude betrat. War seine Villa von außen schon prachtvoll, so beeindruckte dessen Inneres noch um einiges mehr. Emma hatte einen modernen und luxuriösen Stil aus Designerlampen und weißen Möbeln erwartet, doch seine Inneneinrichtung überraschte sie. Boden sowie Wände waren aus cremefarbenem Marmor, was die gesamte Umgebung zum Funkeln brachte. Im geräumigen Eingangsbereich waren dunkelbraune Kommoden aufgestellt und zwei Wendeltreppen führten auf jeweils einer Seite in die zweite Etage. Sie legte Bolero und Schuhe ab, dann führte James sie ins Wohnzimmer. Die Front war komplett verglast, so dass der Raum lichtdurchflutet und die Ecken von wunderschönen Palmen geschmückt wurden.

Die weiße Wohnlandschaft harmonierte wunderbar mit den dunkelbraunen Möbeln und die offene Küche, welche wohlbemerkt größer war als Emmas komplette Wohnung, bestand natürlich aus jedem Luxus, den man sich nur vorstellen konnte. James ließ Emma allein im Wohnzimmer zurück, damit sie sich in Ruhe umsehen konnte und verschwand in der Küche, um etwas zu trinken zu holen. Als er wiederkam, stellte er ein Tablett mit zwei Gläsern und einer goldenen Champagnerflasche auf den Tisch. Emma warf einen Blick auf die Uhr, enthielt sich aber jeglichen Kommentars.

Sie hatte schon genug wohlhabende Leute kennengelernt, um zu wissen, dass diese zu so ziemlich jeder Tageszeit Champagner tranken. Sie stießen an und Emma musste zugeben, dass der Champagner ausgezeichnet schmeckte. Sie stellte das Glas auf dem Glastisch ab und sah sich weiter um. Dabei spürte sie James Blick auf sich, der neben ihr Platz genommen hatte. Um ein peinliches Schweigen erst gar nicht aufkommen zu lassen, fragte sie: »Wie lange wohnst du schon hier?« Er überlegte. »Seit knapp drei Jahren.«

Sie schaute sich die rechte Seite des Zimmers an und spürte unverwandt seine Augen auf sie gerichtet. Die Intensität seines Blickes war ihr unangenehm, doch es wäre albern gewesen, ihm ewig auszuweichen, also wandte sie sich ihm zu – wenn auch widerwillig. Er sah sie immer noch an und sie beobachtete, wie er an seinem Glas nippte. Ein einzelner Tropfen blieb an seiner Unterlippe hängen und hypnotisiert sah Emma zu, wie seine Zunge hervorschnellte und den Tropfen aufnahm. Als James bemerkte, wie gebannt sie an seinen Lippen hing, zuckten seine Mundwinkel, was Emma aus ihrer Trance erwachen ließ. Sie räusperte sich verlegen und griff nach ihrem Glas, um selbst einen Schluck zu nehmen. »So sieht es aber nicht aus«, nahm sie das Gespräch wieder auf. »Eher, als wärst du eben erst eingezogen.«

»Das ist der Vorteil, wenn man über zehn Angestellte beschäftigt, die einzig und allein fürs Aufräumen zuständig sind.« Konnte es sein, dass seine Stimme einen leicht neckenden Unterton hatte? Wieder entstand peinliches Schweigen, das Emma zu überspielen versuchte, indem sie noch einen Schluck nahm. Wie konnte er nur so locker dasitzen und sie anstarren, während sie vor Scham im Boden versank? Diesem Mann war einfach nichts unangenehm und das verunsicherte sie nur noch mehr. Sie spielte nervös an ihrer Halskette herum und sah gerade noch, wie sich sein Grinsen in ein unschuldiges Lächeln verwandelte.

»Was?«, fragte sie und musste selbst lächeln. Sie wusste, dass er sich über sie lustig machte. »Nichts. Ich amüsiere mich nur über deine Schüchternheit.« »Ich bin nicht schüchtern!«, sagte sie empört. »Du starrst mich bloß die ganze Zeit an.« Er zuckte die Schultern und nahm noch einen Schluck. »Mir gefällt eben, was ich sehe.« »Mir auch, aber deshalb starre ich dich nicht an.« Hatte sie das gerade laut gesagt? James selbstgefälliges Grinsen nach zu urteilen, schon. »Wirklich? Na, das ist doch mal interessant«, sagte er, stellte sein Glas weg und rückte näher zu ihr heran. Sie gab sich im Geiste eine Ohrfeige und überlegte fieberhaft, wie sie der gefährlichen Situation entkommen konnte. Denn wenn er sie berührte, wusste sie nicht, ob sie ihm widerstehen konnte. Sie stand auf, versuchte es beiläufig aussehen zu lassen und trat an die Fensterfront. »Willst du mir nicht deinen Garten zeigen?«

Er hielt inne, dann stand er auf und machte eine übertrieben höfliche Verbeugung. »Aber mit Vergnügen.« Er betätigte eine Fernbedienung und die gesamte Fensterfront wurde aufgezogen, als wäre sie ein Garagentor. »Wow, das war jetzt aber gar nicht protzig«, sagte sie und hatte ihren Spott wiedergefunden. Eigentlich war Emma eine witzige, ja sogar freche Person, aber in James Nähe fühlte sie sich so befangen und verletzlich. Und das auf eine Weise, die beängstigend und erregend zugleich war. Es war warm draußen und auf dieser Seite der Villa schien die Sonne mit unglaublicher Intensität auf sie herab. »Uff«, machte Emma und hielt sich eine Hand vors Gesicht, als sie die Terrasse betrat. »Ganz schön warm.« James stimmte ihr schweigsam zu, indem er den Kragen seines Hemdes öffnete und den Stoff schüttelte. Erst dachte sie, er würde sich ausziehen, doch er blieb bekleidet – Gott sei Dank, denn sonst hätte sie für nichts garantieren können!

Die Rückseite des Anwesens bestand aus einer weiten Wiesenfläche, die sich wunderbar für Partys und Veranstaltungen eignete. Inmitten der Fläche war ein großer luxuriöser Pool aufgebaut, wie man ihn von wohlhabenden Leuten erwartete. Emma lief zum Pool hinüber und genoss das kitzelnde Gefühl des weichen Grases unter ihren Füßen. Sie ließ sich am Schwimmbecken nieder und tauchte die Hände in das kühlte Wasser. Es war wunderbar erfrischend. »Möchtest du schwimmen?«, fragte James und kam hinter ihr her geschlendert. »Zu gerne. Leider habe ich keine Badesachen dabei.« Wieder ein verschmitztes Lächeln. »Du könntest natürlich auch in Unterwäsche schwimmen.

Hier ist weit und breit niemand, der dich beobachtet.« Emma erhob sich und schüttelte lachend den Kopf. »Ja klar, außer dir.« Er lachte ebenfalls und fasste sich verlegen an den Kopf – oder tat zumindest so. Denn Emma glaubte nicht eine Sekunde lang daran, dass ihn überhaupt etwas in Verlegenheit brachte. Sie folgte ihm wieder ins Haus hinein, doch diesmal führte er sie eine Etage tiefer. Im Kellergeschoss gab es einen großen Partybereich sowie eine Sauna und einen Billardraum. Sie gingen bis ans Ende des Ganges und hielten vor einer weißen Tür mit der Beschriftung *Lagune*.

»Das ist nicht dein Ernst, oder?«, fragte Emma ungläubig und trat ein, als er ihr die Tür öffnete. Sofort stieg ihr ein leichter Geruch von Chlorwasser in die Nase und Emma war, als würde sie in Hugh Hefners Playboy Mansion eintreten. Die Lagune erstreckte sich unter der gesamten Villa und war nur schwach beleuchtet. Das Wasser spiegelte sich in den steinigen Deckenwänden wieder und tauchte die Umgebung in flackernde Muster. Sie entdeckte einen Whirlpool, einen Halbkreis aus Sitzbänken, welche halb im Wasser und unter einem Duschstrahl lagen, einen Wasserfall mit Grotte und einen kreisrunden Strömungskanal, wie man ihn aus Schwimmhallen kannte. »Jetzt bin ich wirklich beeindruckt«, gestand sie und konnte es immer noch nicht ganz glauben. Der Mann hatte sein eigenes Badeparadies unter dem Dach. »Ist dir immer noch warm?«, fragte er beiläufig. Emma wischte sich die Stirn. »Ja ziemlich, ich …« Doch weiter kam sie nicht, denn schon befand sie sich

Hals über Kopf im Wasser. Als sie auftauchte, hörte sie James aus vollem Hals lachen. Einen Moment war sie völlig sprachlos und wusste nicht, ob sie sauer oder belustigt sein sollte. »Das hast du nicht wirklich getan, oder?«, fragte sie und musste gegen ihren Willen grinsen. Sein Glück, dass sie wasserfestes Make-Up trug und sich all ihre Wertsachen in der Handtasche befanden. »Tut mir leid, ich konnte nicht widerstehen.« Er wischte sich die Tränen weg und bemühte sich um ein ernstes Gesicht – es gelang ihm nicht.

»Was ist mit dir, kommst du nicht rein?«, fragte sie, als sie ihre Überraschung überwunden hatte. »Ich bereite das Essen vor, schwimm du nur«, sagte er und ging davon. Emma sah ihm nach, bis er die Lagune verlassen hatte und schüttelte lächelnd den Kopf. Dann schlüpfte sie aus ihrem Kleid, warf es auf eine Liege und tauchte ab.

Kapitel 7

Eine halbe Stunde später hatte sie alle Attraktionen ausprobiert: Angefangen mit einem entspannenden Bad im Whirlpool hatte sie sich später unter die starken Strahlen des Wasserfalls gestellt, danach versucht, im Strömungskanal gegen das Fahrwasser zu schwimmen und war von der Grotte gesprungen. Emma amüsierte sich köstlich und wäre am liebsten für immer dort geblieben. Sie trieb noch eine Weile auf dem Rücken und beobachtete die reflektierenden und funkelnden Muster an der Decke, dann verließ sie das Becken. Als sie in Unterwäsche aus dem Wasser kam, fühlte sie sich beobachtet. James hatte hier unten doch keine Kameras, oder? Sie schlüpfte vorsichtshalber in ihr Kleid und sah sich dann nach einem Handtuch um – fand aber weit und breit keines. Also wrang sie ihre Haare aus und stieg schleunigst die Treppe zum Wohnbereich hoch.

»Hey, ich hab kein Handtuch und tropfe hier gerade alles nass«, rief sie von der Treppe her. »Ist okay, du kannst dir eins aus dem Gästezimmerschrank nehmen. Zweiter Stock, links«, rief er von der Küche aus. »Alles klar«, sagte sie und sprintete die nächste Treppe hinauf. In der zweiten Etage angekommen, steuerte sie das linke Zimmer an. Es war ein Mix aus beigen und braunen Tönen. Die Wände waren beigefarben, genau wie der gewaltige Kleiderschrank und das Bettgestell.

Der Boden bestand aus braunem und unendlich weichem Teppich, der sich über den gesamten Raum erstreckte. Emma genoss das flauschige Gefühl unter ihren Füßen, als sie das Zimmer betrat und strich über die Bettdecke. Sie hatte denselben Braunton wie der Teppich, was dem Ganzen einen afrikanischen Touch gab. Die weißen Dekorartikel und Vorhänge rundeten das ganze Bild ab.

Emma ging zum Kleiderschrank hinüber und öffnete ihn. Zum Vorschein kamen gebügelte Hemden, zusammengefaltete Shirts, Pullover und unzählige der Designerhosen, welche James immer trug. Das hier war nicht das Gästezimmer! »Hast du dich verlaufen?«, fragte James, der plötzlich in der Tür stand. Emma zuckte zusammen und schlug die Tür zu. »Äh nein, du hast mich ins falsche Zimmer geschickt.« »Hab ich nicht, ich sagte rechts.« Emma hob die Augenbrauen. »Nein, du sagtest links.«

»Emma. Ich weiß doch, wo mein Zimmer liegt. Aber wenn du dich umsehen willst, nur zu. Das muss dir nicht peinlich sein.« Wollte er sie etwa auf den Arm nehmen? Sie wollte ihn gerade anfahren, als er ihr ein Handtuch zuwarf. Sie fing es auf, bevor es in ihrem Gesicht landete. Und noch ehe sie etwas erwidern konnte, sagte er: »Wenn du dich abgetrocknet hast, kannst du einen meiner Bademäntel nehmen.« Er ging zu seinem Kleiderschrank und holte einen dunkelbraunen flauschigen Mantel heraus. »Ich werde deine Sachen solange auf der Heizung trocknen.«

»Ich mach das schon«, sagte sie und nahm den Bademantel entgegen. Als ob sie ihm ihre Unterwäsche geben würde! Seine Mundwinkel zuckten, dann verließ er das Zimmer und schloss die Tür. Emma schüttelte den Kopf und schälte sich aus den feuchten Sachen. Sie glaubte ihm kein Wort. Er hatte sie mit voller Absicht in sein Zimmer geschickt, nur weshalb? Sie hatte sich ihrer Sachen entledigt und trocknete sich gerade ab, als die Tür aufflog und James hineinkam. »Spinnst du?«, kreischte Emma und versuchte die wichtigsten Körperregionen zu bedecken. »Tut mir leid«, sagte er wenig überzeugend. »Aber möchtest du Lachs oder Seeteufel-Filet?«

Er sah sie unschuldig an und schien ernsthaft eine Antwort zu erwarten.

»James, das-hast-du-mit-Absicht-getan!«, sagte sie, jedes einzelne Wort betonend und sah ihn böse an. Er machte eine resignierte Geste und kam näher. »Okay, du hast mich erwischt. Es war alles ein abgekartetes Spiel. Ich hab dich ins Wasser geschubst, damit du dich umziehen musst und dann in mein Zimmer gelockt, damit ich dich hier verführen kann.« Seine Ehrlichkeit verblüffte sie und sie schaute überrascht zu ihm auf. »Und du dachtest wirklich, ich falle darauf rein?«, fragte sie und wickelte sich das Handtuch um, als er näher kam. Er zuckte die Schultern und schenkte ihr ein verführerisches Lächeln. »Ein Versuch war es wert.« Damit nahm er den Bademantel vom Bett, breitete ihn aus und legte ihn ihr über die Schultern. »Komm, du hast sicher Hunger.« Er verließ das Zimmer und ließ Emma völlig verwirrt zurück. Was war das denn für ein Spiel? Erst machte er sich die Mühe, sie zu verführen, dann beichtete er es und ließ sie schließlich stehen?

Wenn er sie durcheinanderbringen wollte, machte er seinen Job jedenfalls gut. Nachdem Emma ihre Haare trocken gerubbelt hatte und in den Bademantel geschlüpft war, ging sie nach unten. Kaum hatte sie das Zimmer verlassen, stieg ihr der köstliche Geruch von gebratenem Fisch und Gemüse in die Nase, was ihren Magen hörbar knurren ließ. Emma liebte Fisch und sie fragte sich, ob es Zufall war, dass James eben dieses Gericht zubereitete. »Wenn es genauso schmeckt, wie es riecht, bist du jetzt schon der beste Koch der Welt«, schwärmte sie und nahm einen tiefen

Atemzug. Sie setzte sich an die Küchentheke und beobachtete, wie er eine Auslaufform mit gebackenem Fisch aus dem Herd nahm. Diese trug er zum gedeckten Esstisch und stellte ihn auf einem Untersetzer ab. »Ehrlich gesagt, benutze ich die Küche zum ersten Mal.« Er gebot ihr, Platz zu nehmen und schenkte ihr Wein ein.

Emma folgte seiner Aufforderung, sah ihn aber skeptisch an. »Im Ernst?« Er nahm ihren Teller und tafelte Fisch, Gemüse und Kartoffeln auf. »Meine Köche haben alles vorbereitet, ich musste das Essen nur noch in den Ofen schieben«, gestand er und reichte ihr den Teller. Er schenkte ihr ein hinreißendes Lächeln, welches Emma nur zu gern erwiderte. Während sie aßen, versuchte James mehr über Emma zu erfahren. Etwa, welche ihre Lieblingsfarbe war, was für Musik sie hörte und welchen Hobbys sie nachging. James selbst wich ihren Fragen allerdings stets geschickt aus, was vermuten ließ, dass er nicht gern über sich sprach. *Oder er verbirgt etwas*!, flüsterte eine Stimme in ihrem Kopf.

Andererseits war er eine berühmte und öffentliche Person, die womöglich viel Wert auf das Privatleben legte. In gewisser Weise konnte sie ihn verstehen, denn wäre sie an seiner Stelle, würde sie sehr genau überlegen, wem gegenüber sie was preisgab.

Wiederum war eine solche Verschwiegenheit beim ersten Date nicht unbedingt produktiv. Eine Stunde und zwei Gläser Wein später sah Emma auf die Uhr. »Wie genau komme ich eigentlich zurück?« Die Sonne ging allmählich unter und in einer Stunde würde es dunkel sein. James sah sie ehrlich überrascht an. »Das Anwesen ist einige Kilometer von der Stadt entfernt. Du bräuchtest sehr lange nach Hause.« »Ich dachte, die Zeit hättest du mit einkalkuliert?« Sie lachte. »Ich meine, ich kann wohl kaum hier schlafen, oder?« »Warum nicht?« Sein Lächeln war anzüglich. »Ich habe jede Menge Platz.« »James!« Er hob abwehrend die Hände, als sei er unschuldig. »Ich habe dir gesagt, du sollst dir das Wochenende frei nehmen.« »Ja, aber da war nicht vom Übernachten die Rede. Ich dachte, wir unternehmen etwas, trennen uns und treffen uns morgen wieder.« Er nippte an seinem Glas. »Wenn du darauf bestehst, fahre ich dich natürlich nah Hause.« Emma sah ihn schief an. »Ich bitte dich, das würde Stunden dauern! Du hättest nur vorher Beschied geben können, dann hätte ich mir Wechselsachen mitgenommen.«

»Hättest du denn zugestimmt?«, fragte er, wobei sein Tonfall mehr als zweifelnd war. »Darum geht es nicht, sondern dass du mir keine Wahl gelassen hast«, sagte sie und spürte, wie ihre Laune einen kleinen Dämpfer bekam. Wenn er dachte, sie ließ sich manipulieren, würde er sich aber noch gewaltig umgucken. Er musste es ihr angesehen haben, denn er fragte: »Bist du jetzt sauer?« Sie kniff die Augen zusammen. »Ich überlege noch. Und es kommt drauf an, was du sonst noch für Überraschungen zu bieten hast«, antwortete sie, klang aber nicht annähernd so wütend, wie sie hätte sein sollen, was wohl an seinem entschuldigenden Engelsblick lag.

»Ich habe selbstgemachte Eiscreme als Nachspeise«, schlug er vor. »Das ist schon mal ein Anfang.« Nachdem sie die Nachspeise verputzt hatten, welche im Übrigen ausgezeichnet schmeckte, entschieden sie sich, einen Film zu anzuschauen. Sie räumten den Tisch ab, stellten das schmutzige Geschirr in die Spülmaschine, wobei Emma ihm zeigen musste, wie sie zu bedienen war und begaben sich ins Wohnzimmer. Während Emma einen Film aussuchte, besorgte James Decken und Chips. Als er die Treppe herunterkam, hatte er seine Designersachen gegen eine bequeme Jogginghose und ein enganliegendes Shirt getauscht. Durch den dünnen Soff hatte man einen guten Blick auf seine Bauchmuskeln und trainierten Arme, was zweifellos beabsichtigt war. Sie riss ihren Blick los und wandte sich wieder seiner beachtlichen DVD-Sammlung zu. Schließlich fand sie einen interessant klingenden Action-Thriller namens *Eagle Eye*. James schaltete den Fernseher an und schob den Film rein. Wie sich herausstellte, hatte er den Film schon gefühlte einhundert Mal gesehen, was ihn jedoch nicht davon abhielt, ihn mit derselben Begeisterung zu schauen, als sähe er ihn zum ersten Mal. Emma war ebenfalls angetan, konnte sich aber nicht hundertprozentig auf den Film konzentrieren. Ihr Blick schweifte immer wieder zu James ab. Da saß sie nun und schaute mit dem heißesten Mann der Stadt DVD!

Das war doch verrückt. Sie konnte sich hundert Dinge vorstellen, die eine Frau lieber mit ihm tun würde. Die *sie* lieber mit ihm tun würde! Sie beobachtete, wie er an seinem Glas nippte und musste sich unbewusst die Lippen lecken. Und als sie daran dachte, welche Dinge er mit seinem Mund angestellt hatte, wurde ihr ganz heiß.

»Alles okay?«, fragte James, als sie sich hektisch aus der Decke schälte und nach Luft fächerte. »Äh ja, mir ist nur warm.« Sie wandten sich wieder dem Film zu, doch nach einigen Minuten driftete ihr Blick wieder ab. Sie betrachtete James wunderschöne Gestalt und führte einen inneren Kampf. Ja, er sah hinreißend aus und der Sex mit ihm wäre wahrscheinlich wunderbar, aber wer sagte ihr, dass er sie danach nicht fallenließ wie eine heiße Kartoffel? Sie wollte ihm ja glauben und rechnete ihm seine Bemühungen hoch an, aber sie war jetzt zwei Mal auf einen Mann reingefallen, da konnte sie auf eine dritte Enttäuschung getrost verzichten.

Aber bei Gott, er sah so unverschämt gut aus, dass es schon fast schmerzte, ihn anzusehen. Erschwerend kam hinzu, dass seine Berührungen ein Feuer in ihr auslösten, wie sie es bei keinem Mann zuvor erlebt hatte. Er war also entweder das Beste, das ihr passieren konnte oder das genaue Gegenteil. Ihr Handy klingelte und riss sie aus ihren Gedanken. Es war Rachel. »Und, was macht ihr?«, fragte sie, ohne sich mit einer Begrüßung aufzuhalten. »Können wir das nicht morgen besprechen?«, fragte Emma mit zusammengebissenen Zähnen. »Nichts da, wo seit ihr?« Emma seufzte.

»Bei ihm zu Hause.« »Oh mein Gott! Habt ihr etwa …?« »Nein, natürlich nicht!«, rief Emma empört, woraufhin ihr James einen fragenden Blick zuwarf. Sie lächelte entschuldigend und sagte an ihre Freundin gewandt: »Wir schauen DVD.« Rachel lachte. »Oh Mann, dir ist doch wirklich nicht mehr zu helfen. Wenn ich du wäre, hätte ich ihm schon längst die Kleider vom Leib gerissen. Weißt du, was dein Problem ist? Du denkst zuviel nach, Emma. Schalt einfach mal ab und amüsiere dich. Ich meine, du bist scharf auf ihn, er ist scharf auf dich, da ist Sex die logische Konsequenz.« Emma warf einen Blick auf James, der voll und ganz auf den Film konzentriert zu sein schien. »Ja, aber ich bin nun mal nicht wie du.« Sie hätte noch mehr gesagt, wenn James nicht direkt neben ihr gesessen hätte.

Die Wahrheit war, dass Emma immer noch an die große Liebe glaubte, was es ihr unmöglich machte, so ohne jegliche Gefühle Sex mit jemandem zu haben. Nun würde Rachel ihr das Techtelmechtel im *Haus der Versuchung* vorwerfen, aber da war Emma ja auch nicht Herr ihrer Sinne gewesen. Oder war das bloß eine billige Ausrede?

»Wovor hast du eigentlich Angst? Es ist bloß Sex, Emma. Und den kannst du gut gebrauchen.« Wovor sie Angst hatte? Sie hatte Angst, sich in James zu verlieben und damit denselben Fehler wieder zu begehen. Damals hatte sich Emma ebenfalls auf unverbindlichen Sex eingelassen, sich prompt in den Kerl verliebt und nach ihrem Geständnis nie wieder von ihm gehört. Rachel wusste nichts davon, das war lange vor ihrer Begegnung und Emma wollte das Ganze auch nicht wieder aufkochen lassen. Sie seufzte. »Wir reden morgen, okay?« »Denk an meine Worte. Lass dich einfach fallen«, sagte sie mit geheimnisvoller Stimme und legte auf.

»Kontrollanruf meiner Freundin«, erklärte Emma auf James fragenden Gesichtsausdruck hin und legte das Handy weg. Er nickte verständnisvoll und bot ihr noch ein Glas Wein an. Emma nahm nur allzu gern an, denn sie steckte in einem Dilemma. Jede Faser ihres Körpers schrie danach, sich auf James zu stürzen und dort anzufangen, wo sie letztes Mal aufgehört hatten. Doch ihr Verstand, den sie in diesem Moment am liebsten abgeschaltet hätte, zählte ihr all die Nachteile auf, die diese Entscheidung mit sich bringen könnten. Da kam ihr der Alkohol gerade recht. Sie nahm das Glas dankend entgegen und nippte daran. Dann stellte sie es allerdings angewidert weg. Wie konnte sie nur ernsthaft daran denken, sich Mut anzutrinken? Wenn sie eine Entscheidung traf, dann bestimmt nicht unter Alkoholeinfluss! Sie sah sich James noch einmal an.

Das schwarze dichte Haar, seine vollen Lippen, das markante Gesicht, oh und diese dunklen Augen! So anziehend und gleichzeitig gefahrvoll. James Blick schwenkte plötzlich zu ihr, doch war Emma so sehr in Gedanken versunken, dass sie es gar nicht bemerkte. Er starrte sie an und legte den Kopf schräg, als versuchte er, so ihre Gefühlslage abzuchecken. Erst da wurde Emma bewusst, dass er sie beobachtete. Ihre Blicke trafen sich, doch feige, wie sie war, sah sie sofort wieder zum Fernseher. Dabei bewegte sie ihren Kopf so ruckartig, dass sie es knacken hören konnte. Doch es war zu spät, sie hatte seine volle

Aufmerksamkeit. James stellte sein Glas ab, ohne den Blick von ihr zu nehmen und rückte an sie heran. Der Puls schlug ihr bis zum Hals und Hitze stieg in ihr auf. »Emma«, sagte er und seine Stimme klang rau und belegt. Ihr Atmen wurde flach und sie glaubte jeden Moment zu ersticken. »Sieh mich an«, sagte er und als sie es tat und sich ihre Blicke trafen, kapitulierte sie. In seinen Augen loderte ein unbändiges Verlangen, das sie mitzureißen schien und sie wollte nur noch eins. »Küss mich«, sagte sie, da lagen seine Lippen schon auf ihren.

Er hatte sie schon an so ziemlich jeder Stelle ihres Körpers geküsst – aber niemals auf den Mund. Das war also ihr erster Kuss und er war wunderbar. Seine Lippen waren weich und warm und verschlangen die ihren mit einem Hunger, der ihr buchstäblich den Atem raubte. Er beugte sich über sie und drückte ihren Körper in den weichen Stoff des Sofas, bis er der Länge nach auf ihr lag. Sein Mund wanderte zu ihrem Hals und sie spürte seine Erektion deutlich gegen ihr Bein drängen, was ihr ein lustvolles Stöhnen entlockte. »Darauf habe ich schon so lange gewartet«, murmelte er, während er sie weiterhin mit Küssen bedeckte. Dann biss er ihr spielerisch ins Ohr, was Emmas Körper erbeben ließ.

Dieser Mann war einfach unglaublich! Er wusste genau, welche Knöpfe er drücken musste, um sie in Fahrt zu bringen und binnen einer Minute konnte sie an nichts anderes mehr denken, als ihn in ihr zu spüren. Sie gab einen überraschten Laut von sich, als er die Arme unter ihren Körper schob und sie hochhob. »Was …?«, fragte sie, da war er auch schon aufgestanden und trug sie die Treppe hinauf. Er hielt sie in den Armen, als wöge sie nichts und wenn sie sich seinen Körper so ansah, war sie für ihn wahrscheinlich wirklich nicht schwer. Er legte sie sanft auf seinem Bett ab und löste die Schleife ihres

Bademantels, so dass er aufklaffte. James ließ seine Augen über ihren entblößten Körper wandern und schenkte ihr ein verheißungsvolles Lächeln. »Du hast ja keine Ahnung, wie oft ich mir das ausgemalt habe«, sagte er und zeichnete die Konturen ihrer Brüste nach.

Er ließ seine Lippen ganz sacht über ihre Brustwarzen streifen, bis sie sich lustvoll zusammenzogen. Sein Mund wanderte tiefer und als sie ihm das Becken entgegen streckte, damit er sie nur endlich berührte, ließ er ein leises Lachen hören und drückte sie wieder aufs Bett.

»Nicht bewegen«, murmelte er und sein kitzelnder Atem an ihrer empfindlichen Haut ließ sie nur noch ungeduldiger zucken. Er umfasste ihre Schenkel, um sie bewegungsunfähig zu machen und wollte sie gerade mit der Zungenspitze berühren, als es an der Haustür klopfte. Sie beide sahen auf und ihre Blicke hätten nicht verwirrter sein können. Emma schaute auf die Uhr. Wer konnte ihm um diese Uhrzeit noch einen Besuch abstatten? Sie wollte James gerade fragen, sah aber an seinem Gesichtsausdruck, dass er genauso überrascht war wie sie. Er erwartete also keinen Besuch. »Bin gleich wieder da«, sagte er und verließ das Zimmer. Emma wickelte sich den Bademantel um und folgte ihm bis zum Fuße der Treppe.

»Du hast die Schlösser austauschen lassen«, erklang eine vorwurfsvolle Männerstimme vom Erdgeschoss her. »Was machst du hier?«, hörte sie James wenig begeistert fragen. »Ich habe dich auch vermisst, Bruderherz.« Bruder? Emma eilte ins Zimmer zurück und nahm ihre Sachen von der Heizung. Sie waren bereits getrocknet, also schlüpfte sie hinein, machte ihre Haare zurecht und lief hinunter.

»Na, wenn das kein schöner Anblick ist«, sagte der Bruder an Emma gewandt und trat ein. Er war etwas kleiner als James, aber dennoch groß, hatte dunkelbraunes mittellanges Haar, das bewusst wirr gestylt war und himmelblaue Augen. Emma entdeckte keinerlei Ähnlichkeiten zwischen den beiden, wie es bei Geschwistern üblich war, aber in Punkto unverschämt gut aussehen, stand er James in nichts nach. James Bruder war sehr dunkel gekleidet. Schwarze Hose, schwarzes Shirt, schwarze Schuhe und einen Mantel in derselben Farbe. Dennoch sah er nicht gruftig aus, eher wie ein Mafiamitglied. »Ich bin Eric, James heißgeliebter Bruder«, sagte er und gab ihr einen Handkuss.

»Halbbruder«, verbesserte James und fuhr sich mit der Hand durchs Haar. Er sah nicht glücklich aus. Eric ließ von ihr ab und klopfte James auf die Schulter. »Jetzt sei doch nicht so, Brüderchen. Sonst denkt deine Freundin noch, wir verstehen uns nicht.« »Ähm« *Ich bin nicht seine Freundin*, wollte sie sagen, verstummte dann aber. Wie hätte sie sich sonst vorstellen sollen? Als James Betthäschen? Eric zog Mantel und Schuhe aus, legte beides neben einer großen Sporttasche ab und schlenderte zur Bar.

»Also, was gibt's neues?«, fragte er und schenkte sich Whiskey ein. Er bot ihr auch ein Glas an, doch Emma lehnte höflich ab. Sie kam sich ein bisschen verloren vor, wie sie da an der Treppe stand. James gesellte sich zu seinem Bruder und schenkte sich ebenfalls ein, dann ließen sich beide auf dem Sofa nieder, wobei James seinen Bruder unfreundlich ansah. »Was willst du hier, Eric?«, fragte er erneut.

Weil Emma die Situation unangenehm war, ging sie in die Küche und presste sich einen Orangensaft. So würde sie etwas zu tun haben und den beiden zumindest den Anschein von Privatsphäre geben. Sie nahm sich drei Orangen aus dem Obstkorb, halbierte sie und drückte sie mithilfe der Saftpresse aus. »Was denn, darf ich dich nicht mal besuchen?« »Du kommst unangekündigt und in der Regel bedeutet das, du hast entweder Ärger oder steckst in irgendeiner Sache drin.« Sie sah, wie Eric beleidigt die Arme verschränkte. »Ich versichere dir, dass ich nur in guten Absichten komme.« In diesem Moment ging Erics Blick zu Emma, woraufhin sie den ihren senkte. »Wer ist deine hübsche Freundin?« Emma hatte Mühe, den Blick unten zu halten, denn sie hätte zu gern James Gesicht gesehen. Stattdessen räumte sie die ausgequetschten Orangenschalen weg und säuberte die Arbeitsplatte. James senkte die Stimme, dennoch konnte sie jedes Wort verstehen. »Halt dich von ihr fern. Sie ist tabu.« Eric verschränkte die Hände hinter dem Kopf und lachte.

»Ganz locker, Bruder. Ich habe nur gefragt.« Emma war in der Küche fertig und wollte mit dem Glas nach oben gehen, als James sie zurückrief: »Wo willst du hin?« Sie drehte sich um. »Ich bin oben. Ihr habt bestimmt viel zu bereden.« »Unsinn. Setz dich zu uns«, sagte Eric und winkte sie heran. Emma warf einen Blick auf James, der ihr aufmunternd zunickte. Also gut. Sie setzte sich neben James und nippte an ihrem Orangensaft. Eric beobachtete sie mit einem leichten Lächeln auf den Lippen. »Und? Wo habt ihr zwei Turteltäubchen euch kennengelernt?», wollte er wissen. James öffnete den Mund, doch Emma kam ihm zuvor. »In einem Club.«

James sah sie mit einem keine-Sorge-ich-werde-schon-nichts-verraten Blick an, woraufhin sie entschuldigend die Schultern hob. »Verrätst du mir nun, was du hier willst?«, fragte James und wandte sich wieder seinem Bruder zu. »Nein, aber ich würde hier gern übernachten, wenn es dir nichts ausmacht.« James sah ihn böse an. »Hab ich denn eine Wahl?« »Nein«, antwortete Eric grinsend und exte sein Glas. Emma konnte sich ein Lachen nicht verkneifen. »Wow, ihr beiden seid wirklich …« »Warmherzig, brüderlich?«, fiel ihr Eric ins Wort. »Ähm, eher das Gegenteil«, antwortete sie. »James und ich haben eine

… schwierige Vergangenheit«, erklärte er. »Womit wir Emma aber nicht belasten wollen«, fiel ihm James sofort ins Wort und maß ihn mit einem bösen Blick. Emma sah von einem zum anderen. *Schwierige Vergangenheit. Interessant!* »Abgesehen davon«, fuhr Eric fort und lief zur Bar, um sich erneut einzuschenken. »Will ich doch nicht den Geburtstag meines Bruders verpassen.«

»Geburtstag?«, wiederholte Emma überrascht und sah zu James. Eric kam wieder und ließ sich ins Sofa fallen. »In vier Tagen. Er schmeißt ne riesen Party und glaub mir, seine Partys sind berüchtigt.«

Kapitel 8

Am nächsten Morgen stand Emma schon früh auf. Sie wollte unbedingt in die Lagune gehen, denn sie liebte es, am frühen Morgen zu schwimmen und nun, wo sich ihr diese seltene Gelegenheit bot, wollte sie diese unbedingt wahrnehmen. Die drei hatten am Vorabend noch lange im Wohnzimmer gesessen und geredet. Dabei hatte Emma einiges über Eric erfahren. Er war nur ein Jahr jünger als James und gerade erst aus San Francisco angereist.

Dass er ebenfalls Designersachen trug und einen teuren Schlitten vor der Tür stehen hatte, zeigte ihr, dass auch er nicht am Hungertuch nagte. Auf Emmas Nachfrage hin antwortete er, er mache in Immobilien, was sich allerdings nicht ganz überzeugend angehört hatte. Beide hatten dieselbe Mutter, welche allerdings verstorben war und nur James pflegte noch Kontakt zu seinem Vater.

»Seit wann seid ihr beiden zusammen?«, hatte Eric irgendwann wissen wollen. Als Emma daraufhin geantwortet hatte, dass sie sich gerade erst kennengelernt hatten, hatte ihr Eric einen merkwürdigen Blick zugeworfen, den sie nicht hatte deuten können. Es mochte unterdrückte Freude oder sogar Genugtuung sein. Schließlich waren sie schlafen gegangen, wobei Eric das Gästezimmer bezog und Emma bei James schlief. Allerdings waren beide zu sehr in Gedanken versunken, um ihr Techtelmechtel fortzuführen. James war ganz offensichtlich nicht über

Erics Besuch erfreut und Emma ließ die Tatsache nicht los, dass die beiden eine schwierige Vergangenheit hatten. Sie hätte zu gern gewusst, was das bedeutete.

Als sich Emma vom Bett erhoben hatte, warf sie einen Blick auf James. Die Decke war ihm bis zur Hüfte gerutscht, so dass sie einen guten Blick auf seinen wundervollen Oberkörper hatte. Nun, wo die Wirkung des Haarsprays nachgelassen hatte, lagen ihm die Haare in dünnen Strähnen im Gesicht. Emma musste schmunzeln. Wer hätte gedacht, dass der berühmte Mr. Carter morgens so knuffig aussah? Dann seufzte sie jedoch.

Ob das mit ihnen gutgehen konnte? Immerhin lebten sie in zwei unterschiedlichen Welten. Da war James Carter, Multimillionär und Besitzer von so ziemlich allem. Frauenheld, Geschäftsmann, Meister der Verführung und dann sie. 21jährige Praktikantin, die bisher nur negative Erfahrungen mit Männern gesammelt hatte. Das konnte doch nicht gutgehen, oder? Sie musste eine Entscheidung treffen und vor allem musste sie sich seiner Aufrichtigkeit sicher sein, bevor sie ernsthafte Gefühle für ihn entwickelte. Sie nahm ein langes Shirt aus seinem Schrank, tauschte es gegen ihr Kleid ein und griff nach einem großen Handtuch. Dann schlich sie ins Untergeschoss, hinaus auf die Terrasse und zum

Pool. Emma schwamm eine halbe Stunde lang Bahnen, tauchte auf Zeit und trieb anschließend auf dem Rücken und beobachtete den strahlendblauen Himmel. Dann kam sie aus dem Wasser und lief ins Bad, um sich abzutrocknen und die Haare zu föhnen. Als sie fertig war, ging sie in die Küche und setzte Kaffee auf. Sie stand mit dem Rücken zum Wohnzimmer und hatte sich gerade Kaffee eingegossen, als sie sich umdrehte und Eric im Kücheneingang stand. Emma keuchte und ließ beinahe die heiße Tasse fallen. »Vorsicht«, sagte er amüsiert, nahm ihr den Kaffee aus der Hand und stellte ihn ab. »Das hast du mit Absicht gemacht«, sagte sie und wollte anklagend klingen, doch ihre Stimme zitterte zu sehr. »Was kann ich dafür, dass du so schreckhaft bist? Aber ich wünsche dir auch einen guten Morgen, Emma.«

Er nahm eine Tasse aus dem Schrank und goss sich ebenfalls Kaffee ein. Dann lehnte er mit dem Rücken an der Theke und beobachtete sie. Emma schüttelte nur den Kopf, griff nach ihrer Tasse und goss sich Milch hinein. Sie nahm einen Schluck, dann drehte sie sich zu ihm um. »Sag mal, was hast du damit gemeint, ihr hättet eine schwierige Vergangenheit?« Er lächelte, als habe er mit der Frage gerechnet. »Ich rede ungern schlecht über meinen Bruder, vor allem, wenn er nicht anwesend ist und sich verteidigen kann. Daher solltest du ihn selbst fragen.«

Emma stellte die Tasse ab und sah ihn an. »Was soll das bedeuten, schlecht? Was hat er denn so schlimmes gemacht?« Eric stellte seine Tasse ebenfalls ab und kam auf sie zu. Als er nur Zentimeter vor ihr stehen blieb, nahm er eine gelöste Locke zwischen die Finger und legte sie ihr auf die Schulter. Emma schauderte und sah zu ihm auf. »Weißt du, ich mag dich«, sagte er, woraufhin sie die Stirn runzelte. Sie kannten sich noch nicht einmal vierundzwanzig Stunden! »Und ich kenne meinen Bruder, deshalb lass dir gesagt sein, dass er nicht die beste Wahl ist, wenn es um eine feste Beziehung geht.«

Emma hob die Brauen. »Kannst du vielleicht etwas deutlicher werden?« Er hatte den Mund zu einer Antwort geöffnet, als James Stimme hinter ihm erklang. »Was machst du da, Eric?« Sein Ton war nicht freundlich. Emma erschrak, aber Eric wirkte keinesfalls überrascht. Er zwinkerte ihr zu, dann drehte er sich zu seinem Bruder um. »Gar nichts. Wir haben uns nur unterhalten.« Er schlenderte zu James rüber, nahm sich im Vorbeigehen einen Apfel und verließ die Wohnung. James sah ihm nach, bis die Tür zugefallen war, dann fragte er: »Alles in Ordnung?«

Sie nickte.

»Was wollte er?« »Nichts«, log sie und nahm einen Schluck Kaffee. James sah nicht überzeugt aus und sein bohrender Blick war ihr unangenehm, weshalb sie ins Wohnzimmer flüchtete und sich in die Couch sinken ließ. James folgte ihr, nahm gegenüber Platz und musterte sie, während er sich mit einer Hand das Kinn massierte. »Wollen wir da weiter machen, wo wir gestern aufgehört haben?« Sie hatte es die ganze Zeit vermieden, doch nun sah sie zu ihm auf. »Ähm, vielleicht sollte ich erst einmal nach Hause und mir frische Sachen anziehen.«

James schnaufte. »Ich kenne meinen Bruder, also raus mit der Sprache. Was hat er gesagt?« »Gar nichts, wirklich«, sagte sie und schaute ihn unschuldig an. Sie wollte jetzt nicht darüber reden, er hätte ihr immerhin das Blaue vom Himmel lügen können. Außerdem hatte sie noch nicht entschieden, ob sie Eric überhaupt glaubte. »Also gut. Was ist mit heute Abend? Gehen wir ins Kino?« Emma stimmte zu und nachdem sie gefrühstückt und den Thriller vom Vorabend zu Ende geschaut hatten, fuhr er sie nach Hause.

Er brachte sie gerade zur Haustür, als er einen Anruf erhielt und sich entschuldigte. Emma nahm derweilen die Post aus dem Briefkasten und sortierte die Werbung aus. »Hey, wie wäre es, wenn ich dich heute Abend abhole? Ich muss leider einen kurzfristigen Termin wahrnehmen, verspreche aber, dich um neun abzuholen«, schlug James vor, als er das Telefonat beendet hatte. »Ja klar, kein Problem«, sagte Emma, woraufhin er ihr einen Kuss auf die Wange drückte und verschwand. Emma blieb noch einen Moment im

Gang stehen und betastete die Stelle, die er mit den Lippen berührt hatte.

Sie stand in Flammen und Emma kam sich wie ein verknallter Teenie vor. Warum mussten James Berührungen nur so heftige Reaktionen in ihr wachrufen? Das war zum Verrücktwerden! Sie schüttelte das Bauchkribbeln ab und stieg die Treppen hinauf.

In ihrer Wohnung angekommen nahm sie zuallererst eine Dusche und dachte über die vergangenen Stunden nach. Sie wusste nicht, was sie von Eric halten sollte und von seiner Andeutung. Hatte er die Wahrheit gesagt oder gelogen? Er kam ihr nicht gerade vertrauenswürdig vor, andererseits wäre es aber auch töricht, seine Warnung so einfach zu ignorieren. Als sie aus der Dusche kam und in saubere Unterwäsche schlüpfte, war sie verwirrter und unsicherer als zuvor. Sie wusste, die Unsicherheit würde erst vergehen, wenn sie James zur Rede stellte, doch gleichzeitig fürchtete sie sich auch davor. Als es um 20 Uhr an der Wohnungstür klopfte, sah Emma stirnrunzelnd zur Wanduhr. James war eine Stunde zu früh! Weil sie sich gerade hatte anziehen wollen und nur ihre Unterwäsche trug, zog sie schnell einen Negligé-Mantel drüber und eilte zur Tür.

Sie hätte sich gern noch etwas Richtiges angezogen, denn der beinahe durchsichtige Stoff war nicht gerade bedeckend, aber so ungeduldig, wie es an der Tür klopfte, musste er es eilig haben.

Sie öffnete die Tür und wollte sie im selben Moment wieder zustoßen, doch Eric stellte einen Fuß davor und drückte sie lässig auf. »Ich bin nicht angezogen«, rief Emma und stemmte sich zähneknirschend dagegen, doch es war vergebens. Eric schien ihren Widerstand nicht einmal zu bemerken. »Das macht nichts«, sagte er und war plötzlich drin. Als er die Tür mit dem Fuß zustieß, machte sie zwei Schritte rückwärts. Er ließ seinen Blick über ihr knappes Outfit wandern und schenkte ihr ein anzügliches Lächeln. Daraufhin verschwand sie eilig im Schlafzimmer und rief: »Was zum Teufel willst du hier und woher weißt du, wo ich wohne?« Er wartete, bis sie angezogen aus ihrem Zimmer kam, ehe er antwortete. »Ich bin gut darin, Dinge herauszufinden und ich dachte mir, du würdest unser Gespräch von vorhin gern weiterführen.«

»Weiterführen? Wenn ich mich recht erinnere, hast du gemeint, ich solle James selber fragen.« Er zuckte die Schultern. »Ich habs mir anders überlegt.« Emma starrte ihn verwirrt an. »Warum machst du das überhaupt? Ich dachte, du redest nicht gern schlecht über deinen Bruder!« »Tu ich auch nicht, aber da es ihm ernst zu sein scheint, ist es nur fair, wenn du ein paar Dinge über ihn weißt.« Er ließ sich unaufgefordert auf ihrem Sofa nieder und sah sich interessiert um. »Findest du nicht, dass, wenn er Geheimnisse hat, er sie mir selbst erzählen sollte? Und woher weiß ich überhaupt, dass du die Wahrheit sagst? Du könntest genauso gut lügen.«

»Schätzchen. Was hätte ich für einen Grund, dich zu belügen? Und Geheimnisse hat er genug, das kannst du mir glauben.«

»Keine Ahnung, was du hier für ein Spiel spielst, aber ich glaube dir kein Wort. Und jetzt verlass meine Wohnung.« Sie deutete zur Tür. Er folgte ihrer Geste mit den Augen, machte aber keine Anstalten, aufzustehen. »Eric, ich meine es ernst. Verschwinde oder ich rufe die Polizei.« Er schenkte ihr ein arrogantes Lächeln. »Wetten, dass ich zuerst bei deinem Telefon bin?« Ihr Magen verkrampfte sich und sie sah automatisch zu ihrem Handy. Es lag auf der Kommode. *Zu weit entfernt!* Die Frage war, ob er ihr nur Angst machen wollte oder sie ernsthaft Grund zur Besorgnis hatte? Sie entschloss sich für Letzteres und flitzte zur Kommode. Doch kaum hatte sie sich in Bewegung gesetzt, sprang er auch schon auf und legte eine Hand auf das Handy, so dass Emma direkt in ihn hineinrannte. Mann, war der schnell! »Ich sagte doch, ich bin schneller.« Emma wich einen Schritt zurück und kämpfte gegen die zunehmende Panik an. In seinem Blick lag Spott, aber auch etwas Dunkles, Unheimliches. Etwas, das ihr sagte, dass dieser Mann gefährlich war. »Geh jetzt, bitte«, sagte sie, diesmal aber weniger drohend. Sie wollte ihn nicht provozieren. »Mach ich dir etwa Angst?« Er sah sie eindringlich an, dann seufzte er. »Hmm, wie ich das vermisse.

Mein Bruder hat sich wirklich geändert, aber das macht seine Vergangenheit nicht wett. Ruf mich an, wenn du für die Wahrheit bereit bist.« Er drückte ihr einen Zettel mit seiner Telefonnummer in die Hand und verließ die Wohnung. An der Tür blieb er noch einmal stehen. »Noch etwas. Sag meinem Bruder nicht, dass ich hier war.« Dann war er verschwunden. Emma rührte sich keinen Millimeter und starrte die Haustür völlig verdattert an. Was stimmte mit diesem Kerl nicht? Und was hatte es verdammt nochmal mit James Vergangenheit auf sich? Sie wollte Eric nicht glauben und es stand ihr auch nicht zu, in James Geschichte zu forschen, aber ihre Neugierde war nun vollends geweckt und sie wusste nicht, wie lange sie dem Drang widerstehen konnte. Pünktlich um 21 Uhr klingelte es an der Tür.

»Du siehst fantastisch aus«, sagte James und ließ seinen Blick über ihren Körper wandern, als sie ihm öffnete. Sie lächelte, erwiderte das Kompliment und verließ die Wohnung. Sie erzählte ihm nichts von Erics Besuch, denn sie wusste nicht, ob sie schon bereit für das Gespräch war. Sie hatte Angst, dass sie nichts mehr mit ihm zu tun haben wollte, wenn sie von seiner Vergangenheit erfuhr. Nicht gerade klug, mochte jetzt der ein oder andere denken, denn für gewöhnlich interessierte man sich besonders für die Vergangenheit des potenziellen Partners. Andererseits. War das wirklich wichtig? Zählte nicht eher das hier und jetzt? Sie wusste es nicht und so lange sie keine Entscheidung getroffen hatte, würde sie es für sich behalten. James warf ihr ab und an verstohlene Blicke zu, als wäre ihm aufgefallen, dass sie mit den Gedanken woanders war.

»Was möchtest du gucken?«, fragte er schließlich. »Was möchtest *du* gucken?« »Ich richte mich nach dir«, sagte er mit einem Augenzwinkern. Als sie ihm daraufhin den neuesten Horrorfilm vorschlug, sah er überrascht aus, willigte aber ein. »Ich muss zugeben, ich bin ehrlich erstaunt. Du bist die erste Frau, die keinen Liebesfilm gucken möchte.« »Das wirst du auch nie erleben. Ich mag keine Liebesfilme.« Er neigte anerkennend den Kopf und maß sie wieder mit diesem Blick, als hätte er an ihr eine weitere unerwartete Eigenschaft entdeckt. Die Schlangen an den Kinokassen waren lang, aber das war um diese Uhrzeit auch nicht anders zu erwarten gewesen. Dennoch wurde James nach nicht einmal zehn Minuten ungeduldig. Emma sah von der Seite zu ihm auf und amüsierte sich über seinen verkniffenen Gesichtsausdruck. Als er bemerkte, dass sie ihn beobachtete, sah er sie misstrauisch an. »Was?« »Du bist das nicht gewohnt, oder?«

James ließ seinen Blick umherschweifen. »Ehrlich gesagt, habe ich noch nie in meinem Leben angestanden. Es braucht nur einen Anruf und wir könnten durch den Hintereingang«, schlug er vor, doch Emma schüttelte den Kopf. »Oh nein, wir stehen hier so lange an, wie jeder normale Mensch auch.« Er lachte, nickte aber. Je länger sie in der Schlange standen, desto mehr Kinogäste wurden auf James aufmerksam. Und vor allem die weiblichen Besucher waren ganz angetan. Sie tuschelten, stupsten sich gegenseitig an und drehten sich zu ihnen um, was Emma nach einer Weile wirklich unangenehm wurde. James dagegen ließ sich nichts anmerken und nachdem die Verblüffung über seiner Person verarbeitet war, gingen die Blicke zu ihr. Es waren allerdings keine freundlichen.

Die weiteren zehn Minuten verbrachte James dann damit, Autogramme zu geben, denn einmal auf ihn aufmerksam geworden, scharten sich immer mehr Frauen um ihn. Emma geriet dabei in den Hintergrund und sie fragte sich, ob es nicht doch eine gute Idee gewesen wäre, durch den Hintereingang zu gehen. An der Kinokasse angekommen, bestellte James zwei Karten und wollte gerade seine Geldbörse hervorholen, als Emma sagte: »Lass nur, ich mach das.« Als sie ihr Portemonnaie aufklappte, sah er sie ungläubig an. »Willst du mich vor all den Leuten hier blamieren?« »Was denn? Nur weil du Geld hast, heißt das nicht, dass ich mich ständig von dir einladen lasse.« Er sah ehrlich überrascht aus. »Ach nein?« Erst dachte sie, er wolle sie verspotten, doch ein Blick in sein Gesicht zeigte ihr, dass er die Frage absolut ernst meinte. Er stammte aus reichem Elternhaus, kannte als keine Geldsorgen.

Und in seinen Kreisen war es wahrscheinlich üblich, Frauen einzuladen. Ihre Arbeitskollegin Miranda war zum Beispiel so eine. Ständig schwärmte sie davon, dass sie in den gehobenen Clubs ihre Drinks nie selbst zahlen musste, sondern andauernd von reichen Schnöseln eingeladen wurde. Da wurde Emma bewusst, dass James es womöglich gar nicht anders kannte. Wie traurig! »Nein«, sagte sie mit Nachdruck und holte einen Zwanzig-Dollarschein hervor. »Sie macht nur Witze«, sagte James zu der Kassiererin und sah ehrlich verlegen aus. Er reichte ihr einen Hundert-Dollarschein und gab ihr den Rest als Trinkgeld. Die

Kassiererin schien das aber gar nicht richtig mitzubekommen, denn sie hatte nur Augen für James.

»Wow, was für eine Ehre, Sie einmal persönlich kennenzulernen, Mr. Carter. Ich bin im Übrigen ein absoluter Fan Ihrer Parfümserie«, sagte sie mit schwärmerischer Stimme und reichte ihm die Karten. Als sie zum Kinosaal schlenderten, ahmte Emma sie nach. »Es war mir eine Ehre, Mr. Carter.« Er lachte und fasste sich verlegen an den Hinterkopf. Oder er tat nur so, bei James wusste man nie genau. Sie hielten beim Popcornstand und bestellten zwei Menüs, wobei Emma diesmal darauf bestand, selbst zu zahlen, dann begaben sie sich in den Kinosaal.

Emma liebte Horrorfilme und sie mochte das unheimlich prickelnde Gefühl der Angst, wovon sie in diesem Film reichlich bekam. James schien da weniger begeistert zu sein, doch konnte sie nicht sagen, ob es an diesem Film oder am Genre allgemein lag. *Vielleicht fürchtet er sich ja sogar,* dachte sie belustigt. Als sie aus dem Kino kamen, sagte er: »Das war … interessant.« Emma grinste. »Gib es zu, du fandest ihn schrecklich.« Er wollte prompt zu einer Antwort ansetzen, dann überlegte er noch einmal und sagte: »Ihn mit dir zu schauen, hat ihn tausend Mal besser gemacht.«

»Oh, das hast du aber schön gesagt, du Schleimer«, sagte sie und boxte ihm spielerisch in den Bauch. Er tat, als müsse er sich unter den Schmerzen krümmen und beide lachten.

Emma sah ihn an und konnte sich nicht vorstellen, dass ein Engel, denn etwas anders konnte er nicht sein, irgendetwas Schlechtes getan haben sollte. Er war scharmant, sexy, zuvorkommend, aufmerksam und offenbar wirklich an ihr interessiert. Sie durfte nicht zulassen, dass ihr ein dahergelaufener Typ wie Eric das zerstörte. Als hätte James ihre Gedanken gelesen, wurde er schlagartig ernst. Er nahm ihr Gesicht in seine Hände und sah ihr tief in die Augen. »Emma, ich weiß, dass mein Bruder etwas gesagt hat, das dich verunsichert hat und … ich weiß nicht, wie ich dir noch beweisen soll, dass ich es ernst mit dir meine. Also werde ich es dir erzählen.« »Du meinst dein und Erics Geheimnis?« Er nickte.

»Wenn du das willst.« Sie nahm seine Hände von ihrem Gesicht und sah ihm lange in die Augen. Sein Blick war ehrlich, aber auch traurig, als hätte er Angst davor, wie sie reagieren würde.

Emma lauschte in sich hinein und spürte unbändiges Verlangen, aber nicht nur nach seinem Körper. Sie wollte James, wollte ihn mit jeder einzelnen Faser ihres Körpers, aber noch viel mehr wollte sie mit ihm zusammen sein, ihn kennen und lieben lernen. »Hast du jemanden umgebracht?« Er sah entrüstet aus. »Nein.« »Vergewaltigt?« Wenn möglich, wurde sein Blick noch schockierter. »Natürlich nicht.« »Dann will ich es nicht wissen«, sagte sie und küsste ihn.

James parkte direkt vor ihrer Wohnung und begleitete sie zur Tür. »Willst du nicht reinkommen?«, fragte sie, als sie die Tür aufgeschlossen hatte, er aber keine Anstalten machte, einzutreten. »Ich werde zu Hause schlafen.« Sie sah ihn überrascht an. »Bist du sicher? Hier wären wir … ungestört.« Er lachte. »Willst du mich etwa verführen?« »Naja, ich dachte …« Sie wusste nicht, wie sie sich ausdrücken sollte, ohne verrucht zu klingen. Nachdem sie entschlossen hatten, es miteinander zu versuchen, hatte sie gedacht, dass sie in ihrer Wohnung übereinander herfallen würden. Dass er nun kniff, verwirrte sie. »Ich habe es ernst gemeint, als ich sagte, ich würde es ernst meinen.« Ein Lächeln umspielte seine Lippen. «Deshalb fahre ich jetzt nach Hause.« »Das heißt also, du schläfst nicht mit mir, um mir zu zeigen dass du es ernst meinst?« Er nickte »Bist du sicher?« Er lachte, als er ihren verzweifelten Gesichtsausdruck sah und sie kam sich total lüstern vor. Hatte sie ihn gerade wirklich angebettelt, mit ihr zu schlafen?

»Gute Nacht, Emma«, sagte er, immer noch grinsend und gab ihr einen sanften Kuss auf die Stirn. Er wollte gerade gehen, als ihm etwas einfiel und er in seine Tasche griff. »Im Übrigen bist du herzlich zu meinem Geburtstag eingeladen.« Damit drückte er ihr eine Einladungskarte in die Hand und verschwand.

Kapitel 9

Den nächsten Tag war Emma damit beschäftigt, ein Geschenk sowie ein passendes Outfit zu kaufen. James plante seinen Geburtstag schon seit zwei Wochen und seinen Angaben zufolge würde sich alles einfinden, was Rang und Namen hatte. Emma hatte allerdings erst vor zwei Tagen davon erfahren und nun musste sie nach der Arbeit durch sämtliche Geschäfte hetzen. Um 17 Uhr machte sie Feierabend und tat sich zuerst daran, ein Geschenk zu kaufen. Nur was schenkte man jemandem, der bereits alles besaß?

Als sie nach zwei Stunden immer noch nichts gefunden hatte, wurde sie allmählich hibbelig und sah auf die Uhr. Eine Stunde vor Ladenschluss und sie hatte sich noch nicht einmal nach einem Kleid umgesehen! Sie lief in den nächstbesten Secondhandladen und sah sich nach Abendkleidern um. Zwanzig Minuten später hatte sie zwei weinrote Kleider gefunden, das eine mittel- und das andere bodenlang. Sie probierte beide an, konnte sich nach eingehender Betrachtung aber nicht entscheiden und zog deshalb die fachmännische Meinung der Verkäuferin hinzu.

Diese riet ihr zur mittellangen Variante, also hängte Emma das lange Kleid zurück und begab sich zur Kasse. Während sie in der Warteschlange stand, fielen ihr eine Reihe lederner Armbänder ins Auge. Emma überlegte, ob sie James je ein Armband hatte tragen sehen, konnte sich aber nicht erinnern. Was nicht bedeuten musste, dass er generell keine trug. Sie sah auf die Uhr. Noch zwanzig Minuten. Zu knapp, um jetzt noch nach einem Geschenk zu suchen. Sie durchwühlte die Kiste und fand ein braunes Exemplar mit einem silbernen Magnetverschluss. Der Preis war nicht ohne, zumindest für ihre Verhältnisse, aber etwas Besseres war ihr in den zwei Stunden nicht über den Weg gelaufen – und es war aus Leder, also hinreichend hochwertig. Sie rückte zur Kassiererin vor und kam an einem Kartenhalter zum Stehen. Dort entdeckte sie bunt beschriftete Exemplare mit der Aufschrift „Wunschkarte". Na, das war doch mal eine lustige Idee.

Sie würde James einen Wunsch schenken, den er einmalig und wann immer er wollte, einlösen konnte. Sie suchte eine schöne Karte aus und legte die Artikel auf den Tresen, froh, doch noch etwas gefunden zu haben, das sie mit gutem Gewissen verschenken konnte. Die Endsumme verpasste ihrer guten Laune zwar einen kleinen Dämpfer, aber wenigstens würde sie nicht mit leeren Händen erscheinen. Als sie das Geschäft verlassen hatte und zur U-Bahn lief, klingelte ihr Handy. Es war James.

»Hey, was gibt's?« »Ich sitze im Flieger, auf dem Weg nach Chicago. Mir ist etwas dazwischen gekommen.« »Was ist los?« »Mein Vater hat einen Autounfall gehabt und liegt im Krankenhaus.« Emma fasste sich ans Herz. »Mein Gott. Wie schlimm ist es?« Kurzes Schweigen. »Er wird noch operiert. Kannst du mir einen Gefallen tun und morgen meine Gäste empfangen?« Emma stieg gerade die Treppen zur U-Bahn hinunter und wäre beinahe gestolpert. »Du bläst die Party nicht ab?« »Das geht nicht. Es ist gleichzeitig auch eine Charity-Veranstaltung, bei der viele prominente Gäste erwartet werden. Du musst eigentlich nicht viel machen. Meine Angestellten kennen den Ablauf und vom Catering bis hin zur Live-Band ist alles organisiert. Behalte nur meinen Bruder im Auge, ich werde nachkommen, sobald es meinem Vater besser geht.« »Okay.« Er gab ihr den Zugangscode zu seiner Villa, informierte sie über weitere Einzelheiten und verwies an Phil, seinem persönlichen Assistenten. Phil war für den Ablauf des Abends verantwortlich und wenn sie Fragen hatte, sollte sie sich an ihn wenden. Als sie das Gespräch beendeten, war Emma schon längst zu Hause. Sie wünschte seinem Vater viel Glück bei der OP und legte auf.

Der nächste Tag verlief etwas chaotisch, was daran lag, dass Emma extrem aufgeregt war. Auf der Arbeit vergaß sie ständig ihre Aufgaben, was daran lag, dass sie mit den Gedanken ganz woanders war. Sie fragte sich, welche Prominenten sie wohl zu Gesicht bekommen würde. »Naomi Campbell, Woody Allen, Paris Hilton? »Hören Sie mir überhaupt zu?«, fragte Annabel, Chefin und Leiterin der Catering-Abteilung ihrer Eventagentur. »Äh ja, ich werde die Unterlagen übermorgen vorbeibringen.« Annabel seufzte plötzlich und starrte aus dem Fenster. »Es ist zum Verrücktwerden. Da wird alles, was Rang und Namen hat, auf Carters Geburtstagsparty erscheinen und er lässt uns nicht den Catering machen.« Emma hatte das Büro gerade verlassen wollen, blieb nun aber stehen.
»Sie wollten das Büffet machen?«
Annabel drehte sich überrascht zu ihr um, als habe sie nicht mit einer Antwort gerechnet. Offenbar hatte sie mit sich selbst gesprochen. Ihre Chefin warf ihr einen abschätzenden Blick zu, als überlege sie, wie viel sie ihrer Praktikantin erzählen sollte. »Nicht, dass es sie etwas angeht, aber offenbar hat er es mir übel genommen, dass ich das Geschäftsessen abgesagt habe.« Das erinnerte Emma an etwas, das sie schon

früher hatte fragen wollen. James hatte Emma und ihre Chefin zum Essen eingeladen, weil er angeblich an einer Zusammenarbeit mit ihrem Catering-Service interessiert war. Später hatte er Emma gebeichtet, dass er sie nur zum Essen hatte locken wollen, um sie näher kennenzulernen. Außerdem hatte er Andeutungen gemacht, dass er möglicherweise für Annabels Abwesenheit verantwortlich war. Wenn er sie allerdings nicht gerade dafür bezahlt hatte, dass sie zu Hause blieb, konnte sich Emma nicht erklären, was ihre Chefin von dem Essen hatte fernhalten können. »Warum sind Sie eigentlich nicht zum Essen gekommen?«, fragte Emma vorsichtig. »Auf der Benefizveranstaltung ging es Ihnen doch noch gut.« Wieder ein abschätzender Blick.

»Ich muss etwas Falsches gegessen haben oder ich habe den Cocktail nicht vertragen, den mir Mr. Carter spendiert hat.« Emma machte große Augen. Hatte ihr James etwa was in den Drink getan? Sie verließ das Büro mit dem Vorsatz, ihn anzurufen und zur Rede zu stellen. Es war ja schmeichelhaft, dass er sich solche Mühe gegeben hatte, sie kennenzulernen, aber er konnte anderen doch nicht irgendwelche Substanzen verabreichen! Sie hatte ihr Handy schon gezückt, steckte es dann aber wieder weg. Sie sollte warten, bis er wieder zurück war. Im Moment hatte er wahrlich andere Sorgen.

Um 18 Uhr hatte Emma endlich Feierabend. Sie zog sich um, verstaute ihre Arbeitssachen im Spind und nahm das verpackte Geschenk hervor. Dann verließ sie das Gebäude und stieg in den Chauffeurwagen, den James für sie organisiert hatte und welcher direkt vor ihrer Firma parkte. Sie simste die ganze Fahrt über mit Rachel, die eingeschnappt war, weil Emma ihr nichts von der Party erzählt hatte. Da musste Emma ihr erklären, dass sie selbst erst davon erfahren und es schlichtweg vergessen hatte. Sie versprach, das nächste

Wochenende ganz für Rachel zu reservieren, dann war sie auch schon da. Sie bedankte sich beim Fahrer, stieg aus und lief zum Tor. Dort wurde sie nach ihrem Namen gefragt und durfte passieren. Die Party hatte man schon von Weitem gesehen und auch für jemanden, der den Weg nicht kannte, hätten die Scheinwerfer, Raketen und die laute Musik den Weg gewiesen.

Als Emma die schiere Masse an Gästen und Attraktionen erblickte, war sie einfach nur baff. Es gab kostümierte Akrobaten, einen zwei Meter hohen Champagnerbrunnen, eine Schaumparty, die im Pool veranstaltet wurde und sogar Feuerspucker. Das Publikum war ein Gemisch aus fein gekleideten Prominenten und wild feiernden Leuten. So wie Emma sehen konnte, fand die Party hauptsächlich unter freiem Himmel statt. Sie kämpfte sich zur Villa vor, blieb aber an der Bühne hängen, als sie voller Begeisterung eine ihrer Lieblingsbands auf das Podest steigen sah. Der absolute Hammer! Eine halbe Stunde später konnte sie sich endlich von · dem Anblick losreißen und setzte ihren Weg fort. Sie kollidierte beinahe mit einer Bedienung und konnte gerade noch verhindern, dass deren Tablett hinunterfiel.

»Verzeihung«, sagte Emma. »Kann ich Ihnen Champagner anbieten?«, fragte die verkleidete Frau. Emma nahm dankend an und sah der Frau dabei zu, wie sie weiterzog. Sie nahm einen Schluck, wäre allerdings beinahe daran erstickt, als sie Hugh Heffner und seine berühmten Playboy Bunnys an sich vorbeischlendern sah. Kaum hatte sie ihre Überraschung überwunden, tippte ihr jemand auf die Schulter. Sie drehte sich um und sah zu einer großen Brünetten auf. Emma schätzte sie zuerst auf Mitte Fünfzig, doch ihr Gesicht war so offensichtlich von Botox gestrafft, dass sie genauso gut zehn Jahre älter sein konnte. »Entschuldigen Sie. Meine Freundinnen und ich sind ganz angetan von Ihrem Kleid«, sagte sie und deutete auf eine Gruppe gleichaltriger Damen, welche den Begriff *High Society* bis zum Letzten ausgeschöpft hatten. Gespritzte Lippen, gemachte Brüste, halsbrecherische High Hells, Designerkleider und Chihuahuas, welche in Hundehandtaschen mitgeführt wurden. »Darf ich fragen, wer der Designer ist?«

»Äh.« Emma sah an sich herab. »Es ist aus einem Secondhandgeschäft.« Das freundliche Gesicht der Dame entgleiste. »Oh, nun ja.« Sie wollte noch etwas sagen, machte dann aber auf dem Absatz kehrt und lief zu ihren Freundinnen. Emma hob die Brauen. Okay? Offenbar war sie es nicht einmal wert, das Gespräch zu Ende zu führen! »Secondhand«, hörte sie die Frau sagen, woraufhin die anderen die Gesichter verzogen. »Offenbar wird hier neuerdings jede reingelassen.« Emma presste die Kiefer zusammen und setzte ihren Weg fort. Eingebildete Schnepfen. Wenigstens bestand ihr Körper nicht zu 80 Prozent aus Plastik! Sie leerte ihr Glas in einem Zug, schnappte sich im Vorbeigehen ein zweites und verfuhr damit auf dieselbe Weise. An der Villa angekommen, wurde ihre Laune nicht besser, denn man wollte sie nicht hinein lassen.

»Ich kenne Mr. Carter«, beharrte sie. »Schon klar. Das behauptet hier jeder. Bleiben Sie bitte auf dem Gelände, Mrs. Wenn Sie eine Toilette suchen, auf der anderen Seite steht ein Pool Haus.« »Ich will aber nicht auf die Toilette. Hier«, sagte sie und gab den fünfstelligen Code ein. Die Bodyguards wechselten einen überraschten Blick und bevor sie zu Wort kommen konnten, huschte Emma an ihnen vorbei und schloss die Tür. Sie ließ ihre Handtasche im Eingang stehen und stellte das Geschenk sowie ein Kärtchen mit ihrem Namen auf eine Kommode. Dann zog sie ihre Schuhe aus und begab sich in die

Küche, um sich ein Wasser zu holen. Das würde ihr vielleicht helfen, sich zu beruhigen. »Verdammte Snobs«, murmelte sie und blieb schlagartig stehen, als sie das Wohnzimmer betrat. Eric saß auf der Couch, doch er war nicht allein. Eine vollbusige Blondine saß auf seinem Schoß und ließ sich an den Brüsten saugen. Eine andere stand hinter ihm und knabberte an seinem Ohrläppchen. Beide trugen ausschließlich Strapse und hatten Bunny Ohren auf dem Kopf. Emma konnte es nicht fassen. »Geht's noch?«, fragte sie, woraufhin die Bunnys erschraken.

Erics Blick ging ebenfalls zu ihr, doch er sah nicht annähernd überrascht aus, geschwiegen beschämt. »Los, verschwindet«, wies er die Frauen an und gab ihnen einen Klaps auf den Hintern. Kichernd liefen sie davon. »Ich liiieeebe Play Boy Bunnys«, sagte er und stand grinsend auf. »Kannst du das nicht woanders machen? Wir sind hier auf dem Geburtstag deines Bruder«, fuhr sie ihn an. Als er Anstalten machte, direkt auf sie zuzukommen, wich sie in die Küche aus und goss sich ein Glas Wasser ein. »Entspann dich, Emma, uns hat niemand gesehen.« Er deutete auf die heruntergefahrenen Jalousien.

»Darum geht's doch gar nicht, sondern dass du dich vollkommen respektlos deinem Bruder gegenüber verhältst.« Seine Augen wurden schmal. »Bist du jetzt meine Mutter oder was?« Er folgte ihr in die Küche und als sie diese verlassen wollte, stellte er sich ihr in den Weg, so dass sie gegen ihn lief. Sie blieb stehen, wich aber nicht zurück. Sie durfte nicht zeigen, dass er sie einschüchterte, denn das würde ihm Macht über sie geben. Und dieser Mann musste mal eindeutig in seine Schranken gewiesen werden. »Gott sei Dank nicht«, antwortete sie und stieß ihn sanft, aber bestimmt zurück. »Aber James hat mich gebeten, ein Auge auf dich zu werfen und offenbar mit gutem Grund.« Eric lachte. »Ach, hat er das, ja?« Das schien ihn aus irgendwelchen Gründen mächtig zu amüsieren. Er schlenderte zur Bar hinüber und schenkte sich Whiskey ein, dann ließ er sich auf dem Sofa nieder. »Und, konntest du schon mehr über seine Vergangenheit herausfinden?« Emma ging zu ihm und blieb mit verschränkten Armen vor ihm stehen. »Ist das das Einzige, was dich interessiert? Ich werde allmählich das Gefühl nicht los, dass du mich absichtlich gegen ihn aufspielst.« Er prostete ihr zu. »Wenn du meinst.«

»Und wenn du es genau wissen willst, er wollte mir alles erzählen, doch ich habe abgelehnt. Und weißt du warum? Weil mich seine Vergangenheit nicht im Geringsten interessiert.« »Doch, das tut sie«, erklang eine weibliche Stimme hinter ihr. Emma fuhr herum und erblickte eine blonde Frau, die gerade die Treppen herunterkam. Sie war wunderschön, hatte schulterlanges Haar, trug ein figurbetontes blaues Kleid und weiße Kostümhandschuhe. Emma wollte gerade fragen, was sie in der zweiten Etage verloren hatte, als Eric sich erhob. »Das ist wohl mein Stickwort.« Er nahm sein Glas, rauschte an Emma vorbei und verließ die Villa. Emma sah ihm verwirrt nach, dann beobachtete sie, wie die Blondine ihr gegenüber Platz nahm. Sie stellte eine halbvolle Whiskeyflasche auf den Tisch und nippte an ihrem Glas. »Du bist also die Neue«, sagte sie und musterte Emma. Emma verschränkte die Arme. »Lass mich raten. Und du bist seine Verflossene.« Die Blondine lächelte.

»Das würde voraussetzen, dass ich mit James zusammen gewesen bin, aber man ist nicht mit ihm zusammen. Man wird von ihm besitzt.« Emma verdrehte die Augen. »Bitte sag mir nicht, dass Eric dich auf mich angewiesen hat, denn in diesem Fall kannst du dir die Rede sparen.« Blondie machte eine wegwerfende Handbewegung. »Eric ist ein Idiot und davon besessen, es seinem Bruder heimzuzahlen.« »Ihm was heimzuzahlen?« Sie lächelte. »Mich.« »Dich?« Als sie nicht antwortete, signalisierte Emma ihr, fortzufahren und das tat sie. Emma nahm Platz. »Die Carter Brüder waren wie eine Heuschreckenplage, die von Ort zu Ort zieht und nichts als Verwüstung und Chaos hinterlässt. Ihre *Karriere* begann vor sechs Jahren in Los Angeles.

Sie waren jung und entdeckten gerade das Nachtleben für sich. Also zogen sie von einem Club zum nächsten, tranken, feierten und genossen die weibliche Gesellschaft. Irgendwann kamen sie auf die Idee, einen Wettbewerb daraus zu machen. Wer die einflussreichsten, schönsten und meisten Frauen verführte, erntete mehr Ansehen und glaube mir, sie lagen ihnen scharenweise zu Füßen. Doch weil die Carters vor nichts Halt machten, weder vor Ehegattinnen, Witwen oder Jungfrauen, folgten eine Reihe unschöner Ereignisse. Je länger sie ihr Spiel spielten, desto mehr Schaden richteten sie an und desto mehr Herzen wurden gebrochen, also verließen sie die Stadt.

Doch ihr Hunger war gerade erst erwacht und so machten sie in der nächsten Stadt weiter. So ging es einige Jahre und immer, wenn es brenzlig wurde, zogen sie weiter, bis sie halb Amerika durch hatten und das meine ich wortwörtlich. Dann lernte Eric mich kennen und verliebte sich. Er wollte seinen Lebensstil ändern und mit mir zusammen sein, doch James passte das überhaupt nicht. Also umgarnte er mich, erzählte mir Lügen und brachte mich schließlich dazu, mich in ihn zu verlieben. Als Eric davon erfuhr, war die Hölle los und ich konnte es nicht ertragen, beide zu lieben, also …« Sie verstummte, zog die langen Handschuhe aus und hielt ihr die Handflächen hin. Eine dünne Narbe zog sich an jedem ihrer Handgelenkte entlang. »Du hast versucht, dich umzubringen?«, fragte Emma schockiert. »Ich konnte nicht damit leben beide zu lieben, aber ohne sie konnte ich auch nicht. Der Gedanke, sie würden mich zurücklassen und in der nächsten Stadt auf dieselbe Weise mit einer anderen Frau verfahren, war unerträglich für mich. Eric fand mich und brachte mich ins Krankenhaus. Er bezahlte mir einen Psychiater und ich kam im Laufe der Zeit darüber hinweg. Aber auch über die Brüder. « Sie lächelte und sah verträumt in die Ferne. »Ich war jung und naiv, aber ich habe wieder ins Leben zurückgefunden.« Sie hielt Emma die Whiskeyflasche vor Augen und schwenkte sie hin und her. »Das hier hat mir dabei geholfen. Auch einen?« Emma nickte, darauf musste sie erst einmal einen trinken.

Die Blondine schenkte ihr ein und Emma nahm einen großen Schluck. Dass sie daraufhin qualvoll hustete, schien ihr Gegenüber zu amüsieren. »Was ist dann passiert?«, wollte Emma wissen, als sie mit Wasser nachgespült hatte. »Eric stieg aus und verließ die Stadt. Nicht jedoch, ohne seinem Bruder ewige Rache zu schwören. Ihre Wege trennten sich also und James zog hierher. Er änderte seinen Nachnamen und baute sich ein Imperium auf.

Doch er hat sich nie geändert, er ist immer noch derselbe – ein Jäger.« Emma schwieg eine ganze Weile und ließ die Informationen sacken. Sie hatte geglaubt, dass ihr seine Vergangenheit nichts ausmachen würde, dass sie für ihre Zukunft nicht wichtig wäre, aber was sie nun erfahren hatte, war mehr als schockierend. »Was, wenn er sich geändert hat?«, fragte Emma, doch mehr aus Neugierde, als dass sie wirklich daran glaubte. Man bedenke nur, wo sie James kennengelernt hatte. In einem Swingerclub, inmitten von halbnackten weiblichen Körpern. Das sprach für sich.

»Ich weiß, wie du dich jetzt fühlst. Mir erging es genauso, als ich von ihrem Spiel erfuhr. Du versuchst dich an etwas Positivem festzuhalten, doch das gibt es nicht. Alles, was James getan oder zu dir gesagt hat, ist gelogen. Er wird immer auf der Suche nach neuer unschuldiger Beute sein, der Lauf seiner Karriere beweist das. Ich meine, er hätte mit seinem Erbe weiß sonst was anstellen können. In Energiewirtschaft oder Landwirtschaft investieren, stattdessen eröffnete er Strip- und Swingerclubs.

Er macht es vielleicht nicht mehr so auffällig, aber er hat nie aufgehört zu spielen.« Emma erinnerte sich an etwas, das James bei ihrer ersten Begegnung zu ihr gesagt hatte. *Ich gebe einmal im Monat eine Show, bei der ich mir eine der Bewerberinnen auf die Bühne hole und anschließend glücklich mache.* Mein Gott. Damit hatte er ihr doch gesagt, welche Sorte Mann er war und Emma war dennoch auf ihn eingegangen! »Unfassbar«, murmelte sie und exte ihr Glas. Der Whiskey brannte, doch es war nichts im Vergleich zu dem schmerzhaften Gefühl des Verraten-Werdens, das wie Säure in ihr siedete. Sie bekam einen Kloß im Hals und Tränen brannten ihr in den Augen. Wie hatte sie nur auf ihn reinfallen können? Doch sie war auch selbst daran schuld.

Mit diesem einen Satz hatte er ihr schon vorher gesagt, was er von ihr wollte. Womöglich hatte er sie damit sogar indirekt vorwarnen wollen. »Wo gehst du hin?«, fragte Emma, als sich die Blondine erhob. »Ich werde gehen, bevor James zurückkommt und du solltest dasselbe tun.«

Emma spürte bereits, wie ihr der Whiskey zu Kopf stieg, doch sie war immer noch klar genug, um etwas zu hinterfragen. »Warum warst du überhaupt hier und wer hat dich eingeladen? »Eric. Als er merkte, dass dich James bereits in seinen Fängen hat, bat er mich um Hilfe. Er hält immer noch an seinem Wort fest und wird versuchen, James jede Tour zu vermiesen. Das ist sein Versuch, seine Taten wieder gut zu machen.« Sie wollte nach der Whiskeyflasche greifen, dann blickte sie auf Emma hinunter, die wie ein Häufchen Elend auf der Couch saß. »Ich glaube, du brauchst sie dringender als ich.« »An der Tür blieb sie noch einmal stehen. »Ich bin übrigens Aubrey.« Dann war Emma allein. Sie machte sich erst gar nicht die Mühe, ein neues Glas zu füllen, sondern trank direkt aus der Flasche. Und wenn sie sich ins Koma saufen würde, das war ihr egal. Lieber das, als den Gedanken auch nur eine Sekunde länger ertragen zu müssen, dass sie auf ihn reingefallen war.

Ihr Handy vibrierte, es war eine SMS von James. *Meinem Vater geht es besser. Ich bin in drei Stunden da.* Ob das eine weitere Lüge war? Wahrscheinlich. Es hätte sie nicht gewundert, wenn er einen Abstecher zu irgendeiner Frau gemacht hatte, um sich mit ihr zu vergnügen. Sie musste unwillkürlich daran denken, wie sie James angefleht hatte, mit ihr zu schlafen und wie er daraufhin zögerte. Ob ihm da schon klar war, dass sie im Begriff war, tiefere Gefühle für ihn zu entwickeln und deshalb auf Abstand gehen wollte? Möglich wäre es. Er hatte weiß Gott genug Erfahrung, um die Zeichen richtig zu deuten. Emma schüttelte den Kopf, denn sie hatte die Zeichen überhaupt nicht gedeutet – kein einziges, dabei hatte es davon reichlich gegeben.

Sie nahm einen weiteren Schluck und registrierte, wie das Brennen in ihrer Kehle allmählich nachließ. Auch der Kloß löste sich mit jedem weiteren Schluck auf. *Guter Alkohol,* lobte sie und lief zur Eingangstür, um sich anzuziehen. Sie war gerade in ihre Schuhe geschlüpft, als die Tür aufging und Eric hereinkam. »Schon fertig?«, fragte er und lief ins Wohnzimmer, um sich umzusehen. Offenbar hielt er Ausschau nach Aubrey. »Sie ist weg«, nuschelte Emma und warf sich ihre Handtasche über die Schulter. »Dein Plan ist aufgegangen. Du hast gewonnen.« Er kam zurück und musterte sie mitleidig. »Tut mir leid, dass du es auf die

Art erfahren musstest.« »Bitte. Tu mir den Gefallen und halt den Mund. Aubrey mag dir vielleicht verziehen haben, aber das gilt nicht für mich. Du hast dich vielleicht geändert, aber du hast genauso schreckliche Dinge getan wie James. In meinen Augen bist du nicht besser.« Er schwieg, dann fragte er. »Wo willst du hin?«

»Wonach sieht es denn bitte aus? Ich gehe.« »In diesem Zustand?«, fragte er und wollte ihr die Flasche entreißen, doch Emma behielt sie mit aller Kraft bei sich. »Hast du überhaupt Geld für ein Taxi? Bis zur Stadt dürfte es dich einen knappen Hunderter kosten.« »Dann laufe ich eben nach Hause. Hier werde ich garantiert nicht bleiben.« Doch er schüttelte den Kopf. »Mach dich nicht lächerlich, ich fahre dich.« Sie schlug ihm mit der flachen Hand gegen die Schulter und versuchte ihn wegzustoßen, doch er rührte sich keinen Millimeter.

»Lass-mich-in-Ruhe. Ich will nichts mehr mit dir zu tun haben. Weder mit dir noch mit deinem verfluchten Bruder. Ihr könnt mich alle mal!« Seine Augen verengten sich und er kam ihr sehr nahe. Dann legte er ihren Kopf in den Nacken und zog ihr Gesicht so dicht heran, dass sich beinahe ihre Lippen berührten. »Jetzt hör mir mal zu.

Ich werde nicht zulassen, dass du dich in Gefahr begibst, nur weil James dir das angetan hat. Entweder du lässt dich von mir fahren oder ich behalte dich hier, bis du ausgenüchtert hast. In letzterem Fall würdest du dich allerdings James stellen müssen.« Sie starrte finster zu ihm auf und spürte heiße Tränen in sich aufkommen. Sie wollte James nicht sehen, konnte es nicht ertragen, ihm in die Augen zu blicken. Emma schlug seine Arme weg und drängte sich an ihm vorbei. »Fahrt doch alle zur Hölle«, murmelte sie und verließ die Villa. Eric folgte ihr.

Kapitel 10

Als sie die Flasche zur Hälfte gelehrt hatte, riss Eric sie ihr aus der Hand. »Jetzt ist Schluss«, sagte er streng, schraubte sie zu und warf sie auf den Rücksitz. »Hey«, rief Emma empört, machte aber keine Anstalten, sie zurückzuholen. »Ist das dein Plan? Dich zu Tode zu saufen?« Sie sah ihn an, fand aber, dass sein Gesicht eigenartig verschwommen aussah. »Kann dir doch egal sein. Was interessiert es dich überhaupt? Erst benimmst du dich wie ein Arsch und jetzt bist du auf einmal der nette Typ von nebenan?« Er lachte über ihre genuschelte Aussprache.

»Das hat alles zu meinem Plan gehört.« Emma starrte aus dem Fenster und sah die Bäume an sich vorbeifliegen. Es war eine sternenklare Nacht, die von hellem Mondschein begleitet wurde. Sie lauschte in sich hinein und fühlte nichts als Leere. Ihr war natürlich klar, dass das am Alkohol lag und sie morgen aller Wahrscheinlichkeit nach zusammenbrechen würde. Doch bis dahin waren es ja noch ein paar Stunden, also genoss sie die Gleichgültigkeit. »Was wirst du jetzt tun?«, fragte sie und wandte ihm das Gesicht zu.

»Ich werde die Stadt verlassen. Wenn James erfährt, was ich getan habe, wird er mich umbringen wollen.«

»So sieht dein Leben aus? Du folgst ihm von Stadt zu Stadt und machst es ihm zur Hölle? Hast du keine eigenen Pläne?« Er lächelte schwach. »Wenn ich jemanden hätte, mit dem ich mein Leben verbringen könnte, dann schon.« Er maß sie mit einem Blick, den Emma nicht ganz deuten konnte. Doch sie war zu müde, um näher darüber nachzudenken. »Schlaf ein bisschen. Wir werden eine Weile fahren.« Ihre Augen fielen zu und sie schlief sofort ein.

»Aufwachen«, erklang eine Männerstimme. Emma wurde sanft gerüttelt und schlug die Augen auf. Sie brauchte einen Moment, um zu erkennen, dass sie auf ihrem Sofa in ihrer Wohnung lag. Es war ausgeklappt und mit Kissen und Decken bezogen. »Wie…?«, fragte sie und wurde prompt unterbrochen. »Ich war schon mal hier, schon vergessen?« Er klimperte mit ihrem Wohnungsschlüssel vor ihrer Nase herum. »Und an deinen Schlüssel zu kommen, war nun wirklich nicht schwer.« Sie nahm ihm den Schlüsselbund aus der Hand und legte ihn auf den Tisch. Dann sah sie zur Uhr.

»Halb fünf? Warum ist es schon so spät?« Ein Blick aus dem Fenster zeigte ihr, dass allmählich die Sonne aufging. »Ich war noch etwas erledigen und hab dich mitgenommen.« »Du hast was?«, rief sie entgeistert. Er verdrehte die Augen. »Reg dich ab. Du hast doch sowieso geschlafen.« »Ja, aber du kannst mich nicht einfach irgendwohin mitnehmen!« Als er nicht reagierte, fasste sie sich an die Stirn und stand auf. »Bei mir dreht sich alles«, sagte sie und machte einen Schritt vorwärts.

Sofort kam ihr der Boden entgegen. »Hoppla«, sagte Eric und fing sie auf. »Wo willst du denn hin?« »Küche. Wasser«, murmelte sie und wurde von ihm begleitet. In der Küche stellte er sie ab, füllte ein Glas mit kaltem Wasser und reichte es ihr. Emma nahm das Getränk dankend an und leerte es in wenigen Zügen. Als sie ihm das leere Glas hinhielt, füllte er es erneut und während sie trank, beobachtete er sie mit einem leichten Lächeln. »Du kannst wirklich charmant sein, wenn du willst«, sagte sie und stellte das Glas ab. »Ich frage mich, ob irgendetwas davon echt ist?« Sein Lächeln verschwand und er kam ihr so nahe, dass sich ihre Körper berührten.

Er legte ihren Kopf in den Nacken und drehte ihr Gesicht zur Seite, um ihren Hals mit sanften Küssen zu bedecken. »Nicht«, flüsterte sie und versuchte ihn wegzudrücken, doch er ignorierte ihren schwachen Protest. Es war, als versuche sie einen Felsen zu stemmen - er bewegte sich keinen Millimeter. »Was du in den letzten Tagen gesehen hast, war nicht ich. So würde ich mich nie einer Frau gegenüber benehmen - nicht dir gegenüber.« Er packte sie an den Hüften und zog sie zu sich heran, bis sie ihn hart und bereit durch den Stoff spüren konnte. »Nein«, versuchte sie es noch einmal, doch das Reden fiel ihr schwer, genauso wie das Denken.

Es war nicht richtig, was sie hier taten. Andererseits, wen interessierte das schon? James hatte sie verletzt, tief verletzt. War es da so falsch, sich abzulenken? Ein kleiner gehässiger Teil von ihr dachte daran, wie sehr es James doch ärgern würde, wenn sie mit seinem Bruder schlief. Vielleicht würde ihn das genauso verletzen, wie sein Verrat sie. Der andere Teil wollte überhaupt nicht nachdenken, sondern einfach nur genießen. Allerdings war dieser Teil noch immer von Alkohol beeinflusst, sie sollte ihm also lieber nicht nachgeben.

Emma drehte das Gesicht zur Seite, doch als er ihren Kopf zurückzwang und sich ihre Lippen berührten, schienen sich ihre Zweifel in Luft auszulösen. Sein Mund wanderte zu ihrem Schlüsselbein und als seine Lippen sanft über ihre zarte Haut strichen, brachte sie keinen klaren Gedanken mehr zustande, außer: »Eric«, hauchte sie. »Hmhm?« »Tu es.« Sie wurde augenblicklich hochgehoben und ins Wohnzimmer getragen. Auf dem ausgeklappten Sofa legte er sie ab. »Du weißt, dass du das morgen bereuen wirst?«, fragte er, schob aber ihr Kleid hoch. »Ist mir egal«, sagte sie, woraufhin er lachte. »Das hatte ich gehofft.« Er schob ihre Beine auseinander und legte sich dazwischen. Durch den dünnen Stoff seiner Hose konnte sie ihn deutlich spüren und das Ziehen in ihrem Unterleib wurde unerträglich. Er rieb ihn solange zwischen ihre Beine, bis Emma das Gefühl hatte, allein von der Berührung zu kommen.

Dabei hatte sie ihren Slip noch an. »Zieh die Hose aus«, flüsterte sie. Er wollte es gerade tun, als es an der Tür klopfte und beide erstarrten. »Emma, mach die Tür auf. Ich weiß, dass du da bist. Dein Küchenlicht ist an«, erklang James Stimme. »Oh mein Gott«, flüsterte sie und stieß Eric von sich. Einen Moment sah Eric genauso überrascht aus wie sie, dann glätteten sich seine Gesichtszüge und er sah zur Tür. Er strich seine Haare glatt, richtete sein Hemd und lief hinüber.

Emma sprang auf und hielt ihn zurück. »Bist du verrückt? Er wird dich umbringen, schon vergessen?«, flüsterte sie. Er nahm ihre Hände sanft, aber bestimmt von seinem Arm.

»Du wohnst im siebten Stock, Emma, ich kann sowieso nirgendwo hin.« Das Klopfen wurde lauter. *Nein nein nein!* Er durfte die Tür nicht öffnen, James würde ihnen beiden etwas antun. Panik ergriff sie und schien sie einen Moment zu lähmen. »Warte«, sagte sie schließlich, rückte ihre Frisur zurecht und eilte zum Sofa, um die Decke zu richten. Sie war noch nicht fertig, als Eric die Tür öffnete. Emma erstarrte und blickte in James Augen, dessen Blick zuerst zu Eric, dann zu ihr und schließlich zum Bett wanderte. Die Zeit schien einen Moment still zu stehen und die Luft vor Spannung zu knistern. Dann ging James Blick zurück zu seinem Bruder und auf die deutliche Beule in seiner Hose. Sein überraschter Gesichtsausdruck verwandelte sich in blanke Wut. »Nein«, schrie Emma, als James ihm einen Kinnhaken verpasste und Eric zu Boden beförderte. James trat in die Wohnung, kickte die Tür mit dem Fuß zu und packte Eric am Kragen, um ihn aufzurichten. »Lass ihn los«, rief Emma, doch James beachtete sie nicht.

»Dafür werde ich dich umbringen«, knurrte er stattdessen, kniete sich über Eric und schlug ihm erneut ins Gesicht. Emma begriff nicht, warum Eric sich nicht wehrte. Sie hatten in etwa denselben Körperbau, Eric hätte sich also durchaus verteidigen können. Er machte allerdings keine Anstalten, zurückzuschlagen. »James, hör auf, du bringst ihn um«, versuchte es Emma noch einmal und packte ihn am Arm. James versuchte sie abzuschütteln und einen Moment dachte sie, er würde sie einfach wegstoßen. Doch dann besann er sich und starrte auf seinen Bruder herunter. Erics Nase war blutverschmiert und sein linkes Auge schwoll bereits an. Ihr Teppich hatte einige Blutspritzer abbekommen. »Verschwinde, sofort«, knurrte James und erhob sich. Er zitterte am ganzen Körper und man sah ihm an, dass es ihm große Mühe kostete, die Beherrschung zu bewahren. Eric stand ebenfalls auf und hielt sich die Nase. »Ich habe erreicht, was ich wollte, Bruder.

Ich bin hier fertig.« Damit verließ er die Wohnung. James ging ihm nach, vergewisserte sich, dass er auch wirklich verschwunden war und schloss die Wohnung von innen ab. Emmas Herz schlug bis zum Hals, als James seine blutverschmierte Hand an der Hose abwischte und sie anstarrte. »Wirst du mich jetzt umbringen?«, fragte sie mit zittriger Stimme. »Was?«, fragte James und sah sie ehrlich schockiert an. Er ließ seinen Blick über ihr Kleid wandern, dann sah er zum Bett. Er atmete tief durch, dann fragte er: »Hast du mit ihm geschlafen?« Seine Stimme zitterte. Sie antwortete nicht sofort, sondern ließ die Frage einen Moment im Raum hängen, dann sagte sie: »Nein, aber ich hätte es gern getan.«

Er kam zu ihr. »Hörst du dich eigentlich reden? Nach allem, was ich dir über ihn erzählt habe, nimmst du ihn mit nach Hause? Ich dachte, du kannst diesen Kerl nicht ausstehen?« Er hatte sie bei den Schultern gepackt, hielt aber inne und schnupperte. »Hast du getrunken?« Sie riss sich von ihm los und wich bis ans andere Ende des Zimmers zurück. Sie wollte nicht in seiner Nähe sein.

»Fast eine halbe Whiskeyflasche, wenn du es genau wissen willst.« Er fuhr sich mit der Hand durchs Haar. »Warum besäufst du dich?« Emma starrte ihn ungläubig an. »Willst du mich auf den Arm nehmen? Aubrey war bei dir, James, und hat mir alles erzählt. Ich weiß es.« Er stutzte. »Einen Moment. Du kennst Aubrey?« »Sie war bei dir zu Hause, auf deiner Party. Eric hat sie eingeladen.« Er ließ sich auf das Sofa sinken und sah sie fassungslos an. »Was hat sie gesagt?« »Alles, James«, sagte Emma und konnte nicht verhindern, dass ihr Tränen in die Augen stiegen. Ihre Stimme klang erstickt, als sie sagte: »Sie hat mir jedes schmutzige Detail deiner Vergangenheit erzählt: Dass Eric in sie verliebt war, dass du es ihnen nicht gegönnt und sie ihm ausgespannt hast und das sie sich umbringen wollte.«

James sprang von der Couch. »Das hat sie dir erzählt?« Er kam zu ihr und packte sie erneut bei den Schultern. »Das war gelogen, Emma. Es war genau andersherum. Gott, dieser verdammte …« Er ließ sie los und wischte sich mit der Hand übers Gesicht, dann lachte er. »Was ist so lustig?«, fragte Emma und sah beunruhigt zu ihm auf. Er fuhr sich mit der Hand durchs Haar. »Dieser verdammte Mistkerl hat es wirklich geschafft, uns hinters Licht zu führen. Was dir Aubrey erzählt hat, ist gelogen, Emma. Nicht er hat sich damals in sie verliebt, sondern ich. Und weil er es nicht ertragen konnte, hat er sie dazu gebracht, sich in ihn zu verlieben. Verstehst du denn nicht, es war genau andersherum.

Dafür wird er bezahlen, das schwöre ich.« »Das wird schwierig, er wird die Stadt verlassen.« James sah sie an. »Das ist auch besser so, denn ich weiß nicht, was ich tun werde, wenn ich ihm noch einmal begegne. Was ich nicht verstehe, ist, wie er Aubrey dazu gebracht hat, mitzuspielen. Von allen Menschen auf der Welt hasst sie ihn am meisten.« Emma lauschte seinem Monolog und konnte es nicht fassen. Sogar jetzt, nachdem Eric ihn entlarvt hatte, spielte er noch den Unschuldigen.

Dachte er wirklich, sie glaubte ihm auch nur ein Wort? »Verschwinde«, sagte sie und deutete auf die Tür. »Was?«, fragte er verwirrt. »Du sollst verschwinden. Denkst du wirklich, ich glaube dir auch nur ein Wort? Aubrey hat mir alles gesagt, was ich wissen muss, es ist vorbei.« »Sie hat gelogen, Emma«, sagte er verzweifelt und wollte sich ihr nähern, doch sie hielt ihn zurück. »Bleib, wo du bist oder ich rufe um Hilfe.« Sie wischte ihre Tränen weg, doch sie liefen immer wieder nach. »Emma bitte, lass es mich erklären«. »Lass-mich-in-Ruhe.

Ich will deine Lügen nicht mehr hören«, schrie sie. »Aber ich lüge nicht, ich sage die Wahrheit«, rief er verzweifelt. Gott, er war so gut! Vor ein paar Tagen hätte sie ihm die Nummer vielleicht noch abgenommen, aber nun nicht mehr. Nicht nach allem, was sie erfahren hatte. »Raus«, flüsterte sie und deutete zur Tür. »Das kann ich nicht akzeptieren, Emma«, sagte er, bewegte sich aber zur Tür.

»Ich werde nicht zulassen, dass Eric damit durchkommt. Ich werde dir beweisen, dass *er* der Schuldige ist.« Sie schloss die Augen, um die Tränen aufzuhalten und deutete stumm auf die Tür. Er sah sie noch einen Moment an, dann verließ er die Wohnung. Emma wartete, bis die Schritte auf dem Flur verhallt waren, dann brach sie zusammen.

Kapitel 11

»Ich spiele überhaupt kein Billard«, nörgelte Emma und wäre am liebsten wieder umgekehrt. Sie wollte zu Hause sitzen und sich in Selbstmitleid suhlen, doch Rachel ließ ihr keine Chance. Die ersten beiden Tage hatte sie bei Emma übernachtet, den nächsten sind sie essen gegangen. Den darauffolgenden Tag ins Kino und nun in *Mickys Bar*, einer verqualmten Billard-Bude mit zwielichtigen Gestalten.

»Jetzt hab dich nicht so, das wird lustig.« Von wegen. Rachel war nur hier, weil sie kostenlos Billard spielen und Cocktails trinken konnte. Der Typ, den sie im *Haus der Versuchung* kennengelernt hatte, war hier nämlich Barkeeper. *Mickys Bar* sah von innen genauso aus, wie Emma es sich vorgestellt hatte. Dicke Rauchschwaden, die in der Luft hingen, düsteres Deckenlicht und ein Haufen Männer, die nach nichts als Ärger aussahen. Eines musste man Rachel lassen. Sie war mutig, sich in solchen Kreisen zu bewegen. Das Lokal bestand aus einem einzigen großen Raum. Links vom Eingang, in der Mitte des Raumes, war die Bar, daneben ein Gang zu den Toiletten.

Der vordere Bereich war mit Tischen und Stühlen versehen, die wirkten, als wären sie ohne Struktur verteilt worden. Dann kamen die Billardtische und in den hinteren Winkeln runde Sitzecken. Sobald die Freundinnen den Raum betraten, wurden sie von Blicken taxiert. Manche neugierig, andere schmachtend, aber auch einige unfreundlich. Letzteres hätte Emma normalerweise auf dem Absatz kehrt machen lassen, aber nicht Rachel. Entweder bemerkte sie die Blicke nicht oder es war ihr schlichtweg egal. Während sie zur Bar liefen, sah sich Emma weiter um. Es waren tatsächlich auch Frauen unter den Gästen, doch waren diese vom Aussehen her nicht unbedingt von den Männern zu unterscheiden. »Hallo Ladys«, begrüßte sie der Barkeeper, als sie am Tresen Platz nahmen.

»Emma, das ist Anthony, Anthony, das ist meine beste Freundin Emma«, stellte Rachel sie einander vor. Sie schüttelten sich die Hände, dann fragte er. »Also ihr Hübschen, was wollt ihr trinken?« »Einen Manhattan.« »Ein Wasser«, sagte Emma, woraufhin Rachel die Stirn runzelte. »Ist das dein Ernst?« Emma zuckte die Schultern. »Was denn, ich hab Lust auf Wasser.« Die Wahrheit war, dass sich nicht mehr recht über den Weg traute, sobald sie Alkohol zu sich nahm. Hatten nicht erst alle Probleme angefangen, als sie im *Haus der Versuchung* Alkohol getrunken hatte?

Hätte sie keinen Alkohol getrunken, hätte sie höchstwahrscheinlich auch keine Pille zu sich genommen, also auch kein Techtelmechtel mit James abgehalten. Nein. Alkohol und sie waren wirklich keine gute Kombination! »Beachte sie nicht, sie spinnt«, sagte Rachel an Anthony gewandt, woraufhin er lachte. Emmas Handy klingelte, doch ein Blick auf die Nummer und sie drückte sie sofort weg. »Lass mich raten, James?«, fragte Rachel genervt. Als Emma nickte, seufzte ihre Freundin. »Dieser Kerl kann es einfach nicht lassen, oder? Ich meine, er hat dich wie oft diese Woche versucht anzurufen?« »Zu oft«, beteuerte Emma.

Rachels Augen verengten sich und sie maß sie mit einem misstrauischen Blick. »Du wirst doch nicht wieder etwas mit ihm anfangen, oder?« Emma war ehrlich empört. »Spinnst du? Für wie armselig hältst du mich eigentlich? Eher würde ich sterben.« »Gleiches gilt hoffentlich auch für seinen Bruder.«

»Natürlich! Außerdem ist Eric bereits über alle Berge. Warum muss ich das überhaupt sagen?« Rachel zuckte die Schultern und trank von ihrem Cocktail. Eine Stunde später wurde Anthony von seiner Schicht abgelöst und gesellte sich zu den Freundinnen. »Wie wär's mit einer Runde Billard?«, schlug er vor. »Klar, warum nicht«, sagte Rachel, woraufhin sie sich erhoben. Sie bewegten sich in die hinterste Ecke des Raumes und fanden einen freien Billardtisch. Während Anthony den Tisch bezog, ließ Emma ihren Blick aus lauter Langeweile umherschweifen … und blieb an Eric hängen. Ihr war, als würde ihr Herz aussetzen. Was tat er denn hier? »Äh, ich hol mir noch ein Wasser«, sagte Emma aufgewühlt und ignorierte Rachels verwirrten Blick.

Ihr Glas war nämlich noch halbvoll. Eric stand am benachbarten Tisch und setzte gerade zum Anstoß an. Sie hoffte, dass er sie nicht bemerkte, als sie sich davonstahl. Dem Billardtischen den Rücken zugewandt, setzte sie sich an die Bar und bestellte ein stilles Wasser. Dabei fragte sie sich, was er hier verloren hatte? Er sagte doch, er würde die Stadt verlassen! Gott, sie wollte ihn nicht sehen und wenn sie daran dachte, beinahe mit ihm geschlafen zu haben, noch viel weniger. »Was machst du hier?«, erklang seine Stimme hinter ihrem Rücken. Emma schloss einen Moment die Augen, denn natürlich hatte er sie gesehen.

Dann drehte sie sich zu ihm um. »Dasselbe könnte ich dich fragen. Was machst *du* hier?« »Geschäfte«, antwortete er nur und sah finster zu ihr herab. »Das hier ist kein Ort für dich, du solltest verschwinden.« »Und du glaubst, ich würde auf dich hören, weil?«, fragte sie und nahm einen Schluck. Er hakte seinen Finger unter ihren Hocker und zog sie zu sich heran. Emma gab einen überraschten Laut von sich und klammerte sich am Sitz fest, um das Gleichgewicht zu halten. »Ich gebe dir fünf Minuten, dann bist du verschwunden.« Seine Stimme klang drohend, nur konnte sich Emma den Grund dafür nicht erklären. Warum störte es ihn so sehr, dass sie hier war? »Du kannst mich mal«, sagte sie und kehrte ihm den Rücken zu. Da packte er sie grob am Arm und hob sie von ihrem Sitz.

»Hey«, rief sie, woraufhin der Barkeeper aufblickte. »Gibt es ein Problem?«, fragte er. Eric sie losließ. »Ganz und gar nicht«, zischte er und stellte sich so, dass er den Blick des Barkeepers auf Emma verstellte. »Wenn du weißt, was gut für dich ist, dann nimm deine Freundin und verschwinde von hier, sofort.« Emma machte auf dem Absatz kehrt und ging zu Rachel zurück. Von diesem Idioten brauchte sie sich gar nichts sagen zu lassen. Als sich Emma zu Rachel an den Tisch setzte, maß ihre Freundin sie mit einem neugierigen Blick. »Wo ist dein Wasser?« »Ausgetrunken.« Rachel kniff die Augen zusammen. »Du bist die schlechteste Lügnerin aller Zeiten, also raus damit. Was ist los?«

Emma deutete auf Eric, der in diesem Moment um die Ecke bog und sich wieder an seinen Billardtisch stellte. »Das ist James Bruder.« Rachel machte große Augen. »Ich dachte…« »Ja, das dachte ich auch.« »Willst du lieber gehen?«, fragte Rachel und musterte Eric eingehend. »Obwohl ich ja zugeben muss, dass er rattenscharf aussieht.«

»Nein, ich bleibe hier. Schließlich sind wir nicht im Kindergarten.« Damit begaben sie sich an den Tisch und begannen zu spielen. Dabei versuchte sie Eric so gut es ging zu ignorieren, doch seine strengen Blicke waren erdrückend. Was war sein Problem? Sollte er doch verschwinden, wenn ihm ihre Gegenwart nicht passte. Als sie ein weiteres Mal zu ihm sah, sprach er gerade mit einem braunhaarigen Mann, der in ihre Richtung zeigte. Emma dachte erst, es sei ein Zufall, doch dann beobachtete sie, wie Eric ihn aufzuhalten versuchte, er aber dennoch auf sie zukam. Schließlich blieb er vor ihr stehen.

»Entschuldige, aber hast du nicht vorhin mit meinem Freund gesprochen?«, fragte er und deutete auf Eric.

»Äh, ja«, sagte Emma und musterte den Braunhaarigen. Er war zwei Köpfe größer als sie, dunkel gekleidet und hatte ein gutaussehendes, aber gleichzeitig beängstigendes Gesicht. Es erinnerte sie an Eric. Er lächelte freundlich zu ihr herab, doch seine Augen blieben kalt. Emma wusste sofort, dass dieser Mann gefährlich war. Ein Blick auf Erics beunruhigtes Gesicht bestätigte ihren Eindruck. Der Braunhaarige legte den Kopf schräg. »Woher kennt ihr euch?«, fragte er. »Wer will das wissen?«, fragte Rachel und stellte sich mit verschränkten Armen neben Emma. Seine Mundwinkel zuckten und er betrachtete ihre Freundin, als bewundere er ihren Mut, sich ihm entgegenzustellen. »Niemand. Ich möchte meinen Freund nur ärgern.«

Mit Rachel an ihrer Seite fühlte sich Emma gleich sicherer und verschränkte ebenfalls die Arme. »Ich kenne ihn von James, seinem Bruder.« Der Mann drehte sich erstaunt zu Eric um. »Das ist ja interessant. Und ihr seid zusammen?« »Waren es … irgendwie«, antwortete Emma und schüttelte den Kopf, als könnte sie dadurch die Erinnerung an ihn loswerden. »Wer bist du?«, fragte sie, doch er lächelte nur.

»Das wär dann alles.« Damit kehrte er ihnen den Rücken zu und schlenderte zu Eric zurück. Er legte ihm spielerisch die Hand in den Nacken und murmelte ihm etwas zu, doch Eric sah alles andere als glücklich aus. »Was war das denn gerade?«, fragte Rachel. Emma schüttelte den Kopf. »Keine Ahnung, lass uns weiterspielen.« Irgendwann verschwand der mysteriöse Kerl und Eric blieb mit seinen Leuten zurück. Emma konzentrierte sich kaum auf das Spiel, ihr Blick schweifte immer wieder zu ihm ab. Eigenartigerweise benahm er sich nun vollkommen anders als vorhin, denn er starrte sie nicht mehr an. Im Gegenteil, sein Rücken war ihr auffällig oft zugekehrt. Als der benachbarte Tisch geräumt wurde und sie die Bar verließen, legte Emma ihren Billardstock beiseite. »Einen Moment, bin gleich wieder da«, sagte sie an Rachel gewandt und folgte Eric.

Mickys Bar lag in einer dunklen Seitenstraße, ein weiterer Grund, warum Emma nie freiwillig einen Fuß in diese Bar gesetzt hätte. Sie sah einen dunklen Schatten um die Ecke biegen und folgte ihm leise. *So schnell kommst du mir nicht davon, Eric.* Als sie ebenfalls um die Ecke lief, stieß sie mit jemandem zusammen und hätte sich der Länge nach auf den Rücken gelegt, hätte dieser Jemand sie nicht am Arm festgehalten. »Verzeihung«, sagte sie und wollte sich befreien, doch er ließ sie nicht los.

Sie sah zu ihm auf und zuckte zurück. Es war nicht Eric, der sie vor dem Sturz bewahrt hatte, sondern ein blonder Mann, dessen lange Haare zu einem Pferdeschwanz gebunden waren. Was sie jedoch so erschreckte, war sein vernarbtes Gesicht, dessen eine Seite aussah, als wäre sie mit heißem Fett übergossen worden. Als er fester zudrückte und sie in eine dunkle Ecke drängte, glaubte Emma nicht mehr an einen Zufall. Er war mit Absicht in sie hineingelaufen.

»Lass mich los«, rief sie und versuchte ihren Arm zu befreien, doch er schien ihren Protest überhaupt nicht wahrzunehmen. »Hilfe, Eric«, schrie sie, dann wurden ihre Schreie durch seine Hand erstickt. Panik ergriff sie und sie musste gegen das lähmende Gefühl der Angst ankämpfen. Er würde sie in dieser dunklen Ecke vergewaltigen oder sonstwas mit ihr anstellen und sie konnte sich nicht wehren. *Nein, nicht mit mir!* Sie nahm ihre gesamte Kraft zusammen und schlug ihm mit der Faust ins Gesicht. *Aauuu!* Ihr Handgelenk fühlte sich an, als wäre es angeknackst, doch der Mann stolperte dennoch zurück. Sie sprang über ihn hinweg und schaffte es, aus der dunklen Ecke zu flüchten. Am anderen Ende der Gasse sah sie jemanden auf sich zukommen, als ihr Kopf gegen die Wand gehauen wurde und ihre Sicht verschwamm.

Sie wurde mit dem Rücken zur Mauer gedreht und aufrecht gehalten. »Jetzt wird es umso schmerzhafter für dich, Schätzchen.« Emma blinzelte, bis sich die verschwommen Konturen wieder zu einem Ganzen zusammensetzten und sie das vernarbte Gesicht erkannte. In diesem Moment wurde eine Waffe entsichert und ihm an die Schläfe gehalten. Der Blonde und Emma sahen gleichermaßen erschrocken zu dem Neuankömmling auf. *Eric,* dachte Emma erleichtert. »Loslassen«, wies Eric den Blonden an. Er gehorchte und Emma sank ein Stück zur Seite. »Bitte, ich … ich wollte ihr nichts tun«, stammelte der Mann mit erhobenen Händen und wich zurück. Emma stellte sich wieder auf und sah beunruhigt zu Eric hinauf. Er hielt die Waffe immer noch auf ihn gerichtet und maß ihn mit einem beängstigenden Blick. Es sah aus, als würde es ihm schwerfallen, nicht abzudrücken.

»Eric«, sagte Emma vorsichtig. Er kniff die Augen zusammen. »Er hat versucht, dich zu vergewaltigen. Er ist Abschaum.« »Deshalb kannst du ihn aber nicht erschießen«, sagte sie, doch es klang wie eine Frage. »Ach nein?« Der Blonde hatte sich umgedreht und wollte davonlaufen, als Eric abdrückte. »Nein«, rief Emma, doch es war zu spät. Der Mann ging lautlos zu Boden. »Komm«, sagte er ungerührt und packte sie am Arm, um sie mitzuschleifen. Emma war zu schockiert, um auch nur ein Wort zustande zu bringen, geschweige denn, sich zu wehren. Fassungslos stolperte sie hinter ihm her. *Er hat ihn erschossen! Einfach so!* Während er sie mitschliff, warf sie einen Blick über die Schulter – er bewegte sich immer noch nicht. »Du hast ihn umgebracht«, flüsterte sie. Dann etwas lauter. »Du hast ihn umgebracht!« Als sie die Straße erreicht hatten und wieder vor der Bar standen, zog er sie zu sich heran, legte ihren Kopf nach hinten und betrachtete die Schramme auf ihrer Stirn. Sie wusste, dass sie sich verletzt hatte, denn die Stelle brannte ungemein.

Doch Emma riss sich los und sah ihn mit geweiteten Augen an. Sie war nur knapp einer Vergewaltigung entgangen und hatte jemand vor ihren Augen sterben sehen - sie stand kurz vor einer Panikattacke. Eric musste es ihr angesehen haben, denn er sagte: »Dreh jetzt nicht durch. Ich hab ihn nicht ernsthaft verletzt, auch wenn er es verdient hätte. Es war nur ein Streifschuss.« Emma glaubte ihm kein Wort. »Du lügst.« Er seufzte, packte sie am Arm und schliff sie zum Durchgang zurück. Emma machte große Augen, als der Mann verschwunden war. »Oh, noch besser«, sagte Eric, der offenbar nicht damit gerechnet hatte, dass der Täter so schnell wieder auf den Beinen sein würde. »Aber Untier ist ja bekanntlich schwer zu töten. Und nun zu dir. Was hattest du in der Gasse verloren?«

»Ich wollte wissen, was es mit dem unheimlichen Typen auf sich hat.« »Da bist du aber in die falsche Richtung gegangen, Süße.«

»Das ist mir auch schon aufgefallen. Also, wer ist der Kerl und was hast du mit ihm zu schaffen?« Er schenkte ihr einen überheblichen Blick. »Das geht dich überhaupt nichts an und jetzt hol deine Freundin und verschwinde von hier. Du hast eine Minute.« Er schubste sie Richtung Eingang. »Und was, wenn ich es nicht tue?« »Dann schleife ich dich eigenhändig wieder raus«, antwortete er mit todernstem Gesicht. »Ich hab nämlich noch andere Dinge zu tun, als deinen Babysitter zu spielen.« An der Tür blieb sie stehen. »Warum tust du es dann?« Doch anstatt zu antworten, begann er rückwärts zu zählen. Ob er seine Drohung wirklich wahrmachen würde?

Sie wollte es lieber nicht darauf anlegen und verschwand schleunigst in der Bar. Als sie einige Minuten später mit Rachel hinauskam, war Eric verschwunden. »Wo ist er hin?«, fragte Rachel, als er weit und breit nicht zu sehen war. »Keine Ahnung, aber wir sollten verschwinden«, schlug Emma vor. Daraufhin erklang lautes Reifenquietschen und ein schwarzer Wagen mit getönten Scheiben raste an ihnen vorbei. Eric, da war sie sich sicher.

Zuhause angekommen stellte sich Emma zuallererst unter die Dusche, um den Zigarettengestank loszuwerden. Dabei wollte ihr der blonde Kerl einfach nicht aus dem Kopf gehen. Wer war er? Warum hatte Eric so besorgt ausgesehen, als er auf Emma zugegangen war? Hatte seine Aufforderung, die Bar zu verlassen, sogar etwas mit dem mysteriösen Mann zu tun? Natürlich dachte sie auch an ihre Fast-Vergewaltigung und wie kaltblütig Eric den Mann erschossen hätte, wäre sie nicht in der Nähe gewesen. Sie föhnte sich gerade die Haare, als es an der Tür klopfte und sie zusammenzuckte.

Wenn es Rachel gewesen wäre, hätte sie vorher angerufen und so traurig es war, aber andere Freunde hatte Emma nicht. Es konnten also nur zwei Personen sein und keinen davon wollte sie sehen. »Lasst mich in Ruhe! Ich will keinen von euch beiden sehen!«, rief sie und schlang ihr Handtuch enger. Sie schlich zur Tür und legte ein Ohr daran, um zu lauschen. »Ich bin‘s,

Aubrey.« Stirnrunzelnd öffnete Emma die Tür. »Weiß hier eigentlich jeder, wo ich wohne?« Aubrey schenkte ihr ein entschuldigendes Lächeln und bat um Einlass. »Es wird nicht lange dauern.« »Wenn es noch mehr schmutzige Wahrheiten gibt, will ich sie gar nicht wissen«, sagte Emma, ließ sie aber herein. »Aubrey blieb in der Mitte des Raumes stehen. Als Emma ihr das Sofa anbot, lehnte sie höflich ab. »Ich werde die Stadt noch heute verlassen, deshalb habe ich nicht viel Zeit.« »Warum?«, fragte Emma.

»Vielleicht solltest du dich lieber setzen«, schlug Aubrey vor. Emma tat es. »Zuallererst möchte ich, dass du weißt, wie unendlich leid mir das Ganze tut und dass ich es nicht getan hätte, wenn es nicht unbedingt nötig gewesen wäre.« »Was getan?« »Ich habe gelogen, Emma. Dass Eric in mich verliebt war und James unsere Beziehung zerstört hat, war gelogen. Es war andersherum.« Emma starrte sie an. »Das … das ist ein Scherz oder?« Als Aubrey beschämt den Kopf schüttelte, fragte sie: »Warum hast du das getan?«

»Eric hat mir Geld angeboten, sehr viel Geld.« »Du willst mir also sagen, dass du James und mich wegen des Geldes gegeneinander aufgebracht hast?« Das war doch wohl unfassbar! Viel schlimmer war allerdings, dass Emma auf Erics hilfsbereite und freundliche Tour hereingefallen war und zu allem Übel auch noch beinahe mit ihm geschlafen hatte. Gott, sie war so dämlich! »Ich weiß, dass nichts, was ich sage, irgendetwas wieder gut machen kann, aber ich habe das Geld wirklich gebraucht.«

»Wer sagt mir, dass du dieses Mal nicht von James kommst und ebenfalls bezahlt wurdest?« Sie machte ein verletztes Gesicht. »Ich kann es dir nicht beweisen, Emma, und ich verstehe, wenn du mir nicht traust, aber es ist die Wahrheit. Ich habe keinen Grund mehr zu lügen, ich werde die Stadt verlassen und weit weg ziehen. Erics Geld hat es mir ermöglicht.«

»Warum hilfst du mir?« »Weil er meine Beziehung mit James zerstört hat. Ich möchte nicht, dass er dasselbe mit euch macht. James mag vielleicht kein Unschuldslamm sein, aber er bereut seine Taten wirklich. Er braucht jemanden, der ihm hilft, damit fertig zu werden und der ihm zeigt, dass er anders, gut sein kann. Und wenn es dir hilft: Er ist nie zu weit gegangen.

Eric war dafür verantwortlich, dass sie ständig die Stadt wechseln mussten.« Das musste Emma erst einmal verdauen. Was stimmte bloß mit Eric nicht? Erst bezahlte er Aubrey, damit sie Lügen verbreitete, dann versuchte er, sie ins Bett zu kriegen und rettete ihr schließlich das Leben? Sie dachte daran, was sie James an den Kopf geworfen hatte und bekam ein schlechtes Gewissen. »Was ist, wenn Eric herausfindet …« »Wird er nicht, wenn du ihm nichts sagst. Er hat mich nur dafür bezahlt, dass ich die Wahrheit verdrehe, nicht, dass ich in einem späteren Gespräch nicht alles wieder geradebiege. Wenn du es ihm also nicht unbedingt auf die Nase bindest, wird er es nie erfahren«, sagte sie zwinkernd und bewegte sich zur Tür. Emma folgte ihr.

»Danke Aubrey, ich …«, begann sie, wurde aber unterbrochen. »Ich mache das nicht für dich, sondern für James. Er hat etwas Glück verdient.« Emma nickte und ließ sie hinaus, dann schloss sie die Wohnungstür ab und lief zum Bett. Dort saß sie noch die ganze Nacht mit dem Telefon in der Hand, traute sich aber nicht, James anzurufen.

Sie wusste einfach nicht, was sie sagen, wie sie sich entschuldigen sollte. Sie hatte seinem Bruder und einer fremden Frau mehr vertraut als ihm und das war sicher kein guter Start für eine Beziehung. Wollte er überhaupt noch mit ihr reden? Sie war immer davon ausgegangen, dass er sich bei ihr entschuldigen wollte, wenn er anrief. Aber was, wenn es genau das Gegenteil war? Irgendwann legte sie das Telefon aus der Hand und schlief ein.

Kapitel 12

Die nächsten zwei Tage zogen sich unendlich hin, was Emma in den Wahnsinn trieb. Sie hatte beschlossen, am Wochenende zu James zu fahren und sich bei ihm zu entschuldigen. Was er damit anfing, überließ sie ihm. Sie wollte nur nicht am Telefon mit ihm reden, denn die Hemmschwelle war ja bekanntermaßen niedriger und man sagte schnell Dinge, die man später vielleicht bereute. Und insgeheim erhoffte sie sich natürlich bessere Chancen, wenn sie ihm persönlich gegenüberstand.

Am Samstagmorgen nahm sie ein Taxi und fuhr zu seinem Anwesen. Sie kannte seinen Terminplan nicht, konnte also nur hoffen, dass er zu Hause war. Für die Fahrt hatte Emma tief in die Tasche greifen müssen, es wäre also ärgerlich, wenn sie sich umsonst auf den Weg gemacht hätte. Das Taxi hielt direkt am Tor, welches offen stand. Das war schon mal ein gutes Zeichen! Emma stieg aus, bedankte sich und betrat das Anwesen. Normalerweise hätte sie es genossen, den Rosengarten entlang zu schlendern und den blumigen Duft einzuatmen, aber im Augenblick wirbelten einfach zu viele Gedanken in ihrem Kopf herum. Würde er ihr verzeihen, ihren kleinen Streit sogar belächeln? Oder sie gar nicht erst anhören und sofort wieder hinauswerfen?

Was mochte er überhaupt von ihr denken? Immerhin hatte er sie dabei erwischt, wie sie gerade mit seinem Bruder schlafen wollte. Nachdem sie mehrmals tief Luft geholt hatte, klopfte sie an die Haustür. Eine südländische Putzfrau öffnete ihr. »Guten Tag, ich möchte zu Mr. Carter«, sagte Emma und spielte sich nervös an den Fingern rum. »Mr. Carter nicht da«, antwortete sie mit einem schweren Akzent und Emma musste zugeben, dass sie ein klein wenig erleichtert war. »In ein paar Stunden zurück.« »Gut, dann warte ich solange hier.« »Sie Freundin?«, fragte sie, als Emma Anstalten machte, einzutreten. »So ähnlich. Ja«, fügte sie hinzu, als die Haushälterin ein verständnisloses Gesicht machte. Daraufhin ließ sie Emma eintreten.

Drei Stunden später trat James in die Tür. Emma hatte die ganze Zeit über auf dem Sofa gesessen und sich nur bewegt, um ihr Wasserglas nachzufüllen. Sein Aussehen traf sie wie ein Schlag und es kam ihr wie eine Ewigkeit vor, dass sie ihn das letzte Mal gesehen hatte. Er trug seine berühmten schwarzen Hosen, ein dunkelblaues Hemd und ein Jackett, das locker über seinem Arm lag. Als er die Tür schloss und Emma entdeckte, blieb er stehen. Sie versuchte, seinen Gesichtsausdruck zu deuten, doch spiegelten sich so viele Gefühle in seinen Augen wieder, dass sie nicht sagen konnte, welche überwogen. Er stellte seinen Aktenkoffer ab, trat ins Wohnzimmer und legte das Jackett über den Stuhl. Emma blieb versteift sitzen und beobachtete ihn. »Sie können Feierabend machen, Valentina«, sagte er an die Haushälterin gewandt, als diese gerade den Raum betrat. Sie nickte, nahm ihren Mantel von der Garderobe und verließ die Villa. »Also«, sagte James, ging zum Kühlschrank und nahm ein Wasser heraus. »Was willst du?« Sein Ton war nicht freundlich, aber das hatte Emma auch nicht erwartet. Sie wäre genauso sauer gewesen. »Mich entschuldigen«, sagte sie und stand auf. Es war ihr plötzlich unangenehm, auf seiner Couch zu sitzen, wenn er sie womöglich gar nicht hier haben wollte. Er nahm einen großen Schluck und stellte die Flasche wieder zurück. »Wofür? Wie du schon festgestellt hast, bin ich ein Arschloch. Woher also der Sinneswandel?« Sie ging langsam zur Küche und spielte sich dabei nervös an den Fingern herum. »Hör zu, ich weiß, dass du sauer bist …«

»Sauer?«, unterbrach er sie. In wenigen Schritten war er bei ihr. »Ich bin so wütend, dass ich explodieren könnte, aber doch nicht auf dich. Wenn ich Eric je wieder in die Finger kriege.« »Weißt du, was Eric betrifft«, sagte sie und biss sich auf die Unterlippe. »Er mag vielleicht ein verlogener Hund sein, aber er hat mir vor einigen Tagen das Leben gerettet.« Was?« Sie erzählte ihm von dem mysteriösen Braunhaarigen, der nach ihm gefragt hatte und wie sie in die dunkle Gasse gegangen war, um Eric zur Rede zu stellen. James hörte schweigend zu, doch sie konnte seine angespannten Kiefer deutlich hervortreten sehen. Als sie fertig war, seufzte er.

»Emma, was hast du in so einer Bar überhaupt verloren?« »Es war Rachels Idee. Sie … wollte mich nur ablenken.« »Also war ich dir doch nicht so egal, wie du mich hast glauben lassen?« »Natürlich nicht«, sagte sie empört und ließ sich von ihm in die Arme nehmen. »Du weißt gar nicht, wie leid es mir tut, dass du das alles mitmachen musstest«, sagte er, gab ihr einen Kuss auf den Scheitel und drückte ihren Kopf an seine Schulter.

»Ich wünschte, du hättest diesen Teil von mir nie kennenlernen müssen, genau wie meinen Bruder.« »Wir alle haben eine dunkle Seite«, sagte sie. »Und deine ist wohl Eric.« Er hielt sie von sich weg und sah ihr tief in die Augen. »Nicht Eric ist das Problem, sondern was ich aus ihm gemacht habe. Erst ich habe ihn auf den Geschmack gebracht. Alles, was er anstellt, alles, was er verbockt, geht auf mein Konto.« »Nein.«

Sie nahm seine Arme runter und legte sie um ihre Hüfte. »Eric ist alt genug, um selbst zu entscheiden. Er muss nicht so sein und du bist bestimmt nicht für seine Taten verantwortlich.« Sie sah ihm an, dass er anderer Meinung war und sich für seinen Bruder verantwortlich fühlte. Er strich ihr Haar nach hinten und küsste sie auf die Stirn. »Hören wir auf, über ihn zu sprechen. Du bist hier, das ist alles, was zählt.« Sie sah zu ihm auf und als sich ihre Blicke trafen, begann ihr Herz höher zu schlagen.

Sie wusste, was ihr bevorstand, als sich ein unverschämtes Lächeln auf seinem Gesicht breitmachte – sie kannte diesen Ausdruck. »Und jetzt bist du dran.« Damit hob er sie hoch und trug sie die Treppe hinunter. »Wo gehst du hin?«, fragte sie verwirrt, denn sie hatte damit gerechnet, ins Schlafzimmer getragen zu werden. »Ich glaube, wir brauchen beide eine Abkühlung«, antwortete er, trat die Tür zur Lagune auf und ließ sie hinunter. Er betätigte einen Schalter und der Raum wurde in romantisches Licht getaucht. Ebenso sprang der Wasserfall an und aus den Lautsprechern erklang leise angenehme Musik.

»Und du glaubst, davon lasse ich mich verführen?«, fragte sie lächelnd und drehte sich zu ihm um, doch er war verschwunden. »James?«, rief sie und drehte sich einmal um die eigene Achse. Die Lagune war detailgetreu angefertigt, so dass man meinen könnte, man befände sich in einem realen Tropenwald. Es gab echte Palmen und exotische Pflanzen, aber auch große Steinbrocken und niedliche Strohhütten.

Alles Dinge, hinter denen man sich gut verstecken konnte. »Spielen wir jetzt etwa verstecken?«, rief sie lachend. Ein lautes Platschen erklang und einige Augenblicke später tauchte James in der Mitte des Wassers auf. »Willst du mir nicht Gesellschaft leisten? Ich bin nackt«, sagte er augenzwinkernd und deutete auf seinen Klamottenhaufen neben den Liegen. Wie hatte er sich so schnell ausziehen können? Als ihr Blick wieder zu James ging, war er abgetaucht und sie nutzte die Gelegenheit, um sich auszuziehen. Allerdings behielt sie die Unterwäsche an. Sie wusste, dass es albern war, immerhin hatte er schon jeden Fleck ihres Körpers gesehen, doch sie fühlte sich so nun mal besser. Sie knotete ihr Haar auf und ließ es locker über die Schulter fallen. Dann begab sie sich ins Wasser. Es war angenehm erfrischend auf der Haut, aber nicht kalt, so dass man einfach hineinlaufen konnte.

Sie tauchte unter und schwamm dorthin, wo sie James das letzte Mal gesehen hatte, doch es war weit und breit keine Spur von ihm. Sie schwamm zum Wasserfall und lugte in die kleine Höhle, die sich dahinter verbarg. Nichts. Als nächstes versuchte sie es beim Strudel, dieser lief um eine kleine Insel herum, doch die Strömung war nicht angeschaltet, weswegen sie gemütlich drum herumschwimmen konnte. Als sie leises Plätschern hinter sich vernahm, zuckte sie kurz zusammen, schwamm aber weiter. »Gib es zu, ich hab dich erschreckt«, sagte James.

»Überhaupt nicht«, log Emma, ohne sich zu ihm umzudrehen und schwamm weiter. »Hast du das Schild vorne nicht gelesen? Hier ist nur Nacktschwimmen erlaubt«, flüsterte er ihr plötzlich ins Ohr und ließ eine Hand von hinten zwischen ihre Beine gleiten. Als er den Stoff ihres Slips berührte, biss sich Emma auf die Unterlippe und blieb stehen. James drückte sich von hinten an sie heran, bis sie der Länge nach an ihm gepresst war. Weil er nackt war, konnte sie ihn deutlich an ihrem Körper spüren. »Das muss ich überlesen haben«, antwortete sie mit rauer Stimme. Es war beängstigend, welch heftige Reaktion seine Berührungen in ihr auslösten. Er hatte sie nur einmal berührt und ihr ganzer Körper stand in Flammen. »Tut mir leid, aber ich muss sie dir leider ausziehen.«

Seine sanfte Stimme an ihrem Ohr betäubte sie. Er schlang einen Arm um ihren Bauch, um sie festzuhalten, mit der anderen Hand fuhr er in ihren Slip. Dabei rieb er seinen nackten Körper gegen ihre Rückseite. Mit den Fingern schob er ihre zarte Haut auseinander, dann liebkoste er ihre empfindliche Stelle mit sanften kreisenden Bewegungen. »Gott, James«, stöhnte sie und griff hinter sich, um ihn in die Hand zu nehmen.

Als sie ihn berührte, drückte er sie an die Wand. »Noch nicht. Erst bist du dran.« Er legte ihre Handflächen auf das Gestein, als würde er sie untersuchen wollen und zog ihr mit beiden Händen den Slip aus. Dann fuhren seine Hände ihre Beine hinauf und verharrten einen Moment auf ihrem Po. Durch das Wasser fühlten sich seine Berührungen unendlich geschmeidig an. Seine Hände wanderten zu ihrem BH, den er mit einer einzigen Bewegung aufkappte. Er warf ihre Unterwäsche auf die Insel und fuhr mit den Händen über ihre Vorderseite. Dort, wo er sie berührte, hinterließen seine Hände feurige Spuren. Ihre nackten Brüste an der kalten Steinwand ließen ihre Brustwarzen hart werden. Er spreizte ihre Beine, wie er es schon einmal getan hatte und machte sich ein bisschen kleiner, um sein hartes Glied an ihrer Unterseite zu positionieren.

Dann ließ er ihn in quälend langsamen Bewegungen kreisen, jedoch ohne einzudringen. Emmas Atem wurde flacher und ihr Unterleib zog sich schmerzhaft zusammen. Gott, sie wollte ihn. Wollte ihn so sehr spüren. »Wenn du so weitermachst, komme ich allein von der Berührung«, warnte sie. Er drang ein winziges Stück ein und ließ ihn weiter kreisen. Emma schnappte nach Luft und wollte sich zu ihm umdrehen, doch er drückte sie weiter gegen die Wand.

»Bitte James, ich halte das nicht mehr aus.« Er zog sich zurück und ließ sie los. »So einfach mache ich es dir nicht.« Damit nahm er sie auf den Arm und trug sie davon. Während er durch das Wasser watete, beugte er sich zu ihr herunter und küsste sie. Emma wurde ganz schwindelig. Er ließ sie an einer halboffenen Höhle hinunter, in der eine kreisrunde Sitzecke eingemeißelt war. Das Material der Sitze war aus demselben Stein wie die Höhlenwand.

Das Wasser war hier etwas flacher und reichte ihr bis zur Hüfte. Über den steinigen Sitzen kamen leichte Wasserstrahlen herunter, die auf der Haut prickelten. Als James sie auf die Sitzbank setzte, waren nur noch ihre Beine im Wasser. Er setzte sie genau unter einem Strahl ab, so dass ihr die Wasserperlen auf Kopf und Schultern tropften. Dann beugte sie sich ein Stück nach hinten, so dass das Wasser auf ihre nackten Brüste prallte. James stellte sich vor sie und bedeutete ihr, die Augen zu schließen.

Sie tat es, dann spreizte er ihre Beine, winkelte sie an und massierte sie wieder mit den Fingern. Als Emma ein leises Wimmern von sich gab, machte er sich kleiner, indem er sich auf die Knie stellte und halb im Wasser versank. Dann spreizte er ihre empfindliche Haut und nahm ihren Kitzler in den Mund, um genüsslich daran zu saugen. Emma konnte sich nicht mehr zusammennehmen und schrie. Sie konnte nicht glauben, dass dieses windende Etwas sie war, doch je länger er saugte, desto mehr verabschiedete sich ihr Verstand und Scham darüber, wie intim dieser Moment doch war.

»Bitte James«, flehte sie und wollte seinen Kopf von sich nehmen, doch er packte ihre Arme und drückte sie nach unten. Er musste an ihren zuckenden Bewegungen gespürt haben, dass sie kurz vor dem Höhepunkt stand, denn er ließ abrupt von ihr ab und wendete sich ihren Brüsten zu. Dabei positionierte er ihn zwischen ihren Beinen, drang aber nicht ein. Er glitt über ihre zarte feuchte Haut, zog sich zurück und wiederholte die Bewegung, bis sie keinen klaren Gedanken mehr fassen konnte. »Du sagst, wann«, murmelte er und sein Mund wanderte zu ihren Lippen. Emma war bereits so erregt, dass sie nicht lange überlegen musste und der salzige Geschmack auf ihrer Zunge, als sich ihre Lippen berührten, stachelte sie nur noch mehr an. »Jetzt«, hauchte sie und er drang ein. Emma ließ ein Keuchen hören, weil er sie so vollkommen und unerwartet ausfüllte, dass es im ersten Moment schmerzte. Er stoppte.

»Alles in Ordnung?« Sie nickte und vergrub das Gesicht an seiner Brust. Ihr letztes Mal war so lange her, dass das unerwartete Brennen ihrer Lust einen kleinen Dämpfer verpasste. Er musste es gemerkt haben, denn er zog sich ein kleines Stück zurück und drang dann erneut, aber langsamer ein. Er wiederholte die Bewegung, rückte mit jedem Mal tiefer und je mehr er sie ausfüllte, desto wundervoller wurde das Gefühl. Als er vollkommen in ihr war, schloss er einen Moment die Augen und verharrte in der Position. Dann sah er auf sie herab und die Intensität ihrer Blicke fachte Emmas Verlangen nur noch mehr an. Er setzte seine Bewegungen fort, wurde schneller und härter und bald hatte sie sich seinem Rhythmus angepasst.

Ihr Höhepunkt kam plötzlich und unerwartet und schwappte in lustvollen Wellen über ihren Körper. Ihr Zucken wurde stärker, ihre Schreie lauter und ihr gesamter Körper stand in Flammen. Dann erschlaffte ihr Körper und Emma blieb völlig bewegungsunfähig liegen. James gönnte ihr einen Moment Pause, indem er sich aus ihr zurückzog und sie auf den Scheitel küsste. Dann flüsterte er: »Du glaubst doch nicht wirklich, dass ich schon fertig bin, oder? Jetzt bin ich dran.« Damit setzte er sich auf die Steinbank, zog sie auf seinen Schoß und drang erneut ein. Emma hätte nicht gedacht, dass sie noch zu solch Gefühlen im Stande war, doch mit jedem Stoß überkam sie ein weiteres lustvolles Ziehen. Währenddessen liebkosten seine Hände ihre Rückseite, seine Lippen ihre Brüste und die Realität schien mehr und mehr zu verschwimmen.

Emma öffnete die Augen und wartete, bis der Nachklang ihres Traumes abgeebbt war. James lag auf der Seite, einen Arm um ihre Hüfte gelegt, das Gesicht ihr zugewandt. Seine schwarzen Haare fielen in dünnen Strähnen über seine Stirn und obwohl er noch tief und fest schlief, umspielte ein leichtes Lächeln seine Lippen. Emma drehte sich ebenfalls zur Seite und strich ihm sanft über die Wange. Sie fühlte sich wunderbar, als wäre sie der glücklichste Mensch der Welt. Und nicht nur, weil sie den wohl besten Sex ihres Lebens bekommen hatte.

Er war ein Sexgott, einen anderen Begriff gab es dafür nicht, aber unter seiner perfekten Oberfläche schlummerte noch so viel mehr. Gefühle wie Reue, Unsicherheit, aber auch Tiefe, Freude und Leidenschaft, welche nur darauf warteten, zum Vorschein gebracht zu werden. Sein Handy vibrierte und Emma beugte sich über ihn, um den Anruf entgegenzunehmen.

Sie wunderte sich noch über seinen tiefen Schlaf, denn sie wäre bei der kleinsten Bewegung wach geworden, als sie die Nachricht las. Eigentlich hatte sie das Handy stumm schalten wollen, damit er nicht geweckt wurde, doch das Display war so groß, dass die Nachricht komplett angezeigt wurde. *Sie hat's mir abgekauft. Hast du sie schon flachgelegt?* Die Nachricht kam von Aubrey. Emma war, als würde ihr jemand einen

Dolch ins Herz rammen. Das war ein Traum, das … das musste ein Traum sein! Sie las die Nachricht erneut und dann wieder und wieder, als würde sie dadurch unwirklicher werden. Doch das war sie nicht. Emma saß hellwach auf James Bett und die Nachricht war definitiv keine Einbildung.

Zur Sicherheit zwickte sie sich in den Arm – es war echt. Ein dicker Kloß bildete sich in ihrem Hals und ihre Hände begannen zu zittern. Sie ließ das Handy fallen und versuchte die Säure hinunterzuschlucken, die sich allmählich in ihrem Mund bildete. Sie starrte auf James und hätte ihn am liebsten erwürgt, stattdessen kamen ihr die Tränen. Langsam stand sie vom Bett auf und schlich aus dem Zimmer. Dann begab sie sich in die Lagune, um ihre Sachen einzusammeln und sich anzuziehen und die ganze Zeit über musste sie mit den Tränen kämpfen.

Nein, du wirst keine einzige Träne vergießen, nicht für diesen Mistkerl!, mahnte sie sich immer und immer wieder. Und es half tatsächlich, denn irgendwann war sie so wütend, dass ihre Tränen versiegten. Innerlich kochend fluchte sie, was das Zeug hielt und wünschte ihm jegliche Art von Leid und Schmerz. Sie überlegte noch, ob sie ein paar seiner kostbaren und ohne Zweifel teuren Antiquitäten zerstören sollte, verwarf den Gedanken aber gleich wieder.

Denn für den Schaden hätte sie im Leben nicht aufkommen können, das war es also nicht wert. An der Garderobe begegnete sie allerdings seiner prallgefüllten Geldbörse. Sie überlegte nicht lange, griff hinein und nahm sich einen Hundert-Dollarschein raus. So konnte sie wenigstens bei der Rückfahrt sparen, außerdem glaubte sie nicht, dass er es überhaupt bemerken würde. Sie verließ das Anwesen und organisierte sich ein Taxi. Während sie darauf wartete, schaute sie immer wieder zur Villa zurück und hoffte, er möge noch schlafen. Sie hätte es nicht ertragen, ihn jetzt zu sehen. Egal, ob er sie nun verhöhnen oder sich entschuldigen und noch mehr Lügen auftischen wollte. Sie war fertig mit ihm, ein für alle Mal! Zwanzig Minuten später kam dann endlich das Taxi und Emma stieg erleichtert ein. Etwas verwundert betrachtete sie den Fahrer im Spiegel, denn er sah alles andere als wie ein gewöhnlicher Taxifahrer aus.

Er war jung und gutaussehend, stemmte definitiv Gewichte und hatte so einen böser-Junge-Blick, der einen einschüchterte. Sie nannte ihm die Adresse, er nickte und gab Gas. Und die ganze Fahrt über fragte sie sich, wie ihr das alles nur hatte passieren können. Sie wünschte, sie hätte James nie kennengelernt, wäre nie in diesen verdammten Swingerclub gegangen. Sie wünschte, sie wäre tot. Als neue Tränen drohten, hochzukommen, kniff sie die Augen zusammen, um sie wegzudrücken. *Keine Tränen! Nicht für ihn!*

»Hätten Sie an der Ampel nicht links abbiegen müssen?«, fragte Emma, als sie in der Stadt waren. Er antwortete nicht, sondern starrte stur auf die Straße. »Haloohoo!«, sagte sie und lehnte sich zu den Vordersitzen. »Verstehen Sie mich?« Er fuhr in eine schmale Seitenstraße, die so überhaupt nicht freundlich aussah und Emma wurde skeptisch. »Was …wo fahren Sie hin?« Endlich antwortete er, doch was er zu sagen hatte, gefiel ihr überhaupt nicht. »Tun Sie uns beide einen Gefallen und bleiben Sie jetzt ganz ruhig.« Sie wollte die Autotür öffnen, doch sie war abgeschlossen. Auf der anderen Seite versuchte sie es ebenfalls – erfolglos. »Machen Sie die Türe auf und lassen Sie mich raus«, rief sie voller Panik. Er griff in die Innentasche seiner Jacke und förderte eine Waffe zu Tage. Emma erstarrte. »Ich hab gesagt, ganz ruhig!«

Er fuhr das Taxi um eine Ecke und kam zum Stehen. Es war zwar noch nicht einmal 12 Uhr, doch die Häuser waren so hoch, dass kein Sonnenlicht in den Hinterhof drang. Er lag fast vollkommen im Dunkeln und dutzende finstere Gestalten tummelten sich auf dem Hof. Emma vermutete irgendeine Gang.

Ihre Wagentür wurde geöffnet und ein Kopf beugte sich herein – es war der braunhaarige mysteriöse Mann. Emma zuckte zurück und tausend mögliche Gründe schossen ihr durch den Kopf, was er von ihr wollen könnte. Eine unschöner als die andere. Er hielt ihr die Hand hin.

»Wenn ich bitten darf.« Sie wollte ihn nicht berühren und hätte sie am liebsten weggeschlagen, doch sie hatte viel zu sehr Angst davor, was dann geschehen würde. »Mit zittrigen Händen kam sie seiner Geste nach und ließ sich hinaushelfen. Als sie das Taxi verlassen hatte, sah sie sich die unzähligen Männer an. Alle waren breit und trainiert und einer finsterer als der andere. Sie räusperte sich, um den Kloß in ihrem Hals loszuwerden. Dann wandte sie sich an den Braunhaarigen und fragte: »Was wollen Sie?« »Wie es scheint, haben du und James euch wieder vertragen.

Das war so allerdings nicht geplant.« Emma starrte ihn an. »Wie bitte?« »Versöhnungssex ist doch etwas Wunderbares, nicht?« Sie runzelte die Stirn. Woher wusste er davon?

Als er ihr misstrauisches Gesicht sah, blitzten seine Augen amüsiert auf. »James sollte aufpassen, wen er in sein Haus lässt.« Da Emma nichts mit der Antwort anfangen konnte, fragte sie erneut: »Was wollen Sie?« »Ich will«, sagte er und beugte sich zu ihr herunter, so dass sie mit dem Rücken an das Taxi gedrückt wurde, »dass du dich ab sofort von James fern hältst. Ihr werdet euch nicht versöhnen und auch nicht zusammenkommen, ist das klar?« Emma zog eine Grimasse. »Warum sollte ich mich mit ihm versöhnen?

Er hat mich von vorne bis hinten belogen!« Als sich ein schelmischer Ausdruck in seinen Augen breit machte, stutzte sie. »Er …hat mich doch belogen, oder?« Der Braunhaarige gab seine drohende Haltung auf und lehnte sich wieder zurück. »Halt dich einfach von ihm fern, Kleines. Andernfalls«, er deutete auf seine unfreundlich aussehenden Männer, »werden dir meine Leute einen Besuch abstatten.« Als er ihr die Wagentür aufhielt, trat sie zurück. »Ich finde allein nach Hause.« »Nicht doch. Ein so hübsches Ding kann man doch nicht allein auf die Straße lassen. Nicht, dass dich noch irgendwer wegschnappt.«

Als sie nicht darauf reagierte, wurde sein Ton härter. »Ich bestehe darauf.« Emma hatte keine Wahl. Seinem Blick nach zufolge würde er Gewalt anwenden, wenn es sein musste. Also stieg sie ein. »Ich bin übrigens Liam«, sagte er und warf die Tür zu. Dann fuhr das Taxi los.

Kapitel 13

Emma starrte zum x-ten Mal auf ihr Handydisplay – nichts. James beantwortete weder ihre Nachrichten noch ging er ran. Sie wäre ja vorbeigefahren, doch sie musste die ganze Woche durcharbeiten und hatte erst wieder am Wochenende Zeit. Sie war sogar auf seiner Arbeit erschienen, doch dort sagte man ihr, er hätte kurzfristig Urlaub genommen. Sie hatte also keine andere Wahl, als die nächsten Tage tapfer durchzustehen und ihn dann am Wochenende zu besuchen.

Ja, Liam hatte ihr Konsequenzen angedroht, aber nur, wenn sie wieder mit James zusammenkam. Was sie allerdings wollte, war die Wahrheit und vor allem Gewissheit. Sie musste wissen, ob er die ganze Zeit über mit ihr gespielt hatte oder ob seine Gefühle echt waren. Wer weiß, vielleicht steckte sogar Eric hinter Aubreys SMS? Sie schüttelte den Kopf und konzentrierte sich wieder auf die Arbeit. Sie sollte aufhören, nach Gründen zu suchen, die James entlasteten.

Es tat weh und ja, sie hätte lieber jemand anderen dafür verantwortlich gemacht, aber wie hätte Eric wissen sollen, wann er die SMS zu schreiben hatte, damit sie sie las? Wenn er nicht gerade Kameras in der Villa eingebaut hatte, war das mehr als unwahrscheinlich. Samstagmorgen fuhr Emma zu James. Diesmal allerdings mit Rachels Auto, denn wenn sie die Strecke noch ein paar Mal mit dem Taxi fuhr, wäre sie vor Ende des Monats pleite. Sie parkte den Wagen direkt am Tor und betätigte die Sprechanlage. Zugegeben, es war noch früh, aber sie hatte sich bei seinen Angestellten über seine Urlaubspläne informiert.

Soweit man wusste, hatte er nicht vorgehabt zu verreisen, er war also höchstwahrscheinlich zu Hause. Als ihr nach fünf Minuten immer noch niemand öffnete, kletterte Emma kurzerhand über den Zaun. Da sie allerdings nicht die sportlichste Person war, stellte sie sich dementsprechend an. Und nachdem sie einige Kratzer am Arm eingebüßt hatte, schaffte sie es schließlich auf die andere Seite. An der Villa angekommen, klingelte sie solange, bis die Tür mit einem Ruck geöffnet wurde.

»Weißt du, was es bedeutet, wenn ich deine Nachrichten nicht beantworte und die Anrufe wegdrücke?«, fragte James und starrte unfreundlich auf sie herab. Er trug eine graue Jogginghose, kein Shirt, dafür aber einen langen Morgenmantel, der geöffnet war und seinen wundervollen Oberkörper enthüllte. Anstatt auf seine Frage einzugehen, sagte sie: »Ich will mit dir reden.« »Es gibt nichts zu bereden. Ich wollte dich ins Bett kriegen und das ist mir gelungen. Und Aubreys SMS hat mir eine Menge Ausreden erspart, um dich wieder loszuwerden.

Fall geklärt.« Sein Ton war unbekümmert, sein Blick kalt. Dennoch. »Das glaube ich dir nicht.« »Glaub, was du willst. Mir egal«, sagte er und wollte die Tür schließen, doch Emma hielt sie auf. »Ich will mit Aubrey sprechen.« »Das geht nicht, sie hat die Stadt verlassen.« »Dann gib mir ihre Nummer«, zischte Emma. Seine gleichgültige Art ging ihr ziemlich gegen den Strich. »Hab ich nicht.« »Sie hat dir eine Nachricht geschrieben, du hast ihre Nummer also sehr wohl«, rief Emma aufgebracht. Seine Augen blieben kühl und ungerührt. »Verlass mein Grundstück, Emma, oder ich rufe die Polizei.« Emma war wie vor den Kopf gestoßen und für einen Moment verschlug es ihr die Sprache. Er meinte es ernst. Er meinte es wirklich ernst! Emma spürte, wie sich ein Kloß in ihrem Hals bildete und ihre Augen feucht wurden.

Sie wollte nicht weinen, wollte sich nicht vor ihm bloßstellen, doch das Gefühl der Enttäuschung gewann die Oberhand. Einsehen zu müssen, dass sie nun das dritte Mal von einem Mann getäuscht wurde, war einfach zuviel. »Warum?«, fragte sie mit erstickter Stimme. »Was habe ich dir getan?« »Aubrey hat es dir doch schon erzählt. Ich bin ein Jäger, Emma. Und du warst die perfekte Beute.« Seine Stimme war plötzlich sanft, fast schon mitleidig, was ihr nur noch mehr zusetzte. Sie atmete tief durch, dann fragte sie: »Weißt du, dass Liam mich bedroht hat?« »Ich kenne keinen Liam.« Sie versuchte die Wahrheit in seinen Augen abzulesen, doch sie verrieten nichts. Sie hätte genauso versuchen können, an einem Stein abzulesen. »Ich weiß nicht, wer er ist, aber er kennt dich und er hat irgendwie mit Eric zu tun. Er sagte, dass er mir einen Besuch abstatten würde, wenn ich mich mit dir versöhne.

Und irgendwie hat er Andeutungen gemacht, dass du unschuldig sein könntest.« James seufzte und es hörte sich echt an. »Warum machst du das, Emma? Ich stehe hier und sage dir, dass ich dich nur ins Bett kriegen wollte und du suchst ernsthaft einen Grund, um die Schuld einem anderen zu geben? Weißt du, wie erbärmlich dich das macht?« Sie gab ihm eine Ohrfeige und sein Gesicht flog zur Seite.

Einen Moment war es still, dann fasste er sich an die Wange und sah sie an. »Du widerliches Arschloch«, rief sie. Er lächelte, als habe er erreicht, was er wollte. »Sind wir jetzt hier fertig?« Er wollte die Tür schließen, doch Emma stemmte sich erneut dagegen. »Weißt du, was ich glaube? Dass dich Liam genauso bedroht hat wie mich. Ich weiß nicht, was du ihm getan hast und ich will es auch gar nicht wissen, aber ich glaube, du lügst, weil du mich beschützen willst.« Da war sie sich nun sicher. Liam hatte sich verraten, als er nicht auf ihre Frage antwortete. Und um sicher zu gehen, dass sie sich auch wirklich voneinander fernhielten, hatte er James wahrscheinlich auch bedroht. Nur schien sich James besser daran zu halten, als Emma. Egal, welche Gemeinheiten er ihr also an den Kopf warf, sie glaubte ihm nicht. Er starrte sie an, dann sagte er: »Ich habe versucht, es dir zu ersparen, aber du wirst offenbar nur auf eine Art schlau.«

Damit öffnete er die Tür soweit, dass sie ins Wohnzimmer blicken konnte. Aubrey saß gemütlich auf dem Sofa, bekleidet in einem hauchdünnen Negligé und in der Hand eine qualmende Zigarette.

Emma starrte sie an und konnte ihren Blick nur mit Mühe losreißen. Sie schaute zu James auf. »Ich habe dir gesagt, dass du nur eine weitere Eroberung bist. Je eher du das einsieht, desto besser.« Emma starrte auf den Boden und riss die Augen auf, um durch den Tränenschleier hindurch noch etwas sehen zu können. Dann nickte sie.

»Okay, alles klar. Dann … bin ich hier fertig.« Sie blickte noch einmal zu Aubrey, die ihr lächelnd zuwinkte und machte auf dem Absatz kehrt. Dabei würdigte sie James keines Blickes und drehte sich auch nicht zu ihm um. Sie war fertig mit ihm. Gott und wie!

Emma hatte es gerade mal einen Kilometer weit geschafft, als sie an den Waldrand fahren und stehen bleiben musste. Ihre Augen waren Tränenverschleiert und wenn sie nicht aufhörte zu weinen, würde sie noch einen Unfall bauen. Doch sie konnte nicht. Sie hatte sich fest vorgenommen, keine weitere Träne zu vergießen, aber bei Gott, es tat so weh. Sie gestattete es, sich einen Moment vollkommen gehen zu lassen, weinte, bis ihr die Augen brannten und sie kaum noch Luft bekam.

Dann richtete sie sich auf, wischte die letzten Tränen fort und gab Gas. Sie würde James vergessen und hinter sich lassen. So wie sie es mit ihren Exfreunden getan hatte. Sie würde weder einen weiteren Gedanken an ihn verschwenden noch ihm nachtrauern oder verachten. Es würde sein, als hätte es ihn nie gegeben. Sie würde jegliche Gefühle für ihn begraben, gleich neben ihrem gebrochenen Herzen.

2668749R00083

Printed in Germany
by Amazon Distribution
GmbH, Leipzig